は じ め に

　SDGs、カーボンニュートラル等の社会的要求を背景として、建築物の長寿命化が求められています。建築物の長寿命化を達成するためには、新築時の性能だけでなく、適切な保全計画に基づいた改修工事が必要です。

　タイル張り仕上げ外壁やセメントモルタル塗り仕上げ外壁等に関しては、剥落事故を防止するために、定期的に点検を行い、必要に応じて外壁改修工事を実施することが必要です。

　タイル張り仕上げ外壁やセメントモルタル塗り仕上げ外壁に対する標準的改修工法は、国土交通省大臣官房官庁営繕部「公共建築改修工事標準仕様書」(以下、「改修標仕」)等に示されています。「改修標仕」には、ひび割れ部改修工法として①樹脂注入工法、②Uカットシール材充填工法、③シール工法等が、欠損部改修工法として、①充填工法、②タイル部分張替え工法、③タイル張替え工法、④モルタル塗替え工法等が、浮き部改修工法として①(注入口付)アンカーピンニング部分エポキシ樹脂注入工法、②(注入口付)全面エポキシ樹脂注入工法、③注入口付アンカーピンニングエポキシ樹脂注入タイル固定工法等が示されています。

　本ガイドブックで対象とする外壁複合改修工法は、「改修標仕」では未だ標準化されていませんが、国土交通省大臣官房官庁営繕部監修「建築改修工事監理指針」の中では「改修標仕」以外の外壁改修工法の一つとして紹介されています。

　(一社)外壁複合改修工法協議会は、①外壁複合改修工法の標準化、②各種標準仕様書への外壁複合改修工法の導入、③外壁複合改修工法を適用した外壁に対する建築基準法12条に基づく定期調査方法の合理化、④外壁複合改修工法を適用した外壁の調査・診断方法および再改修工事仕様の標準化等を目的として2020年9月に設立されました。

　外壁複合改修工法は、「改修標仕」で標準化されている各種外壁改修工法と比較すると、①外壁全面に対する剥落安全性や美観性を確保できる工法であり、②外壁改修工事の周期を長期化できる工法であると考えられます。

　本ガイドブックは、皆様に外壁複合改修工法に関する理解を深めていただくことを目的として刊行されました。本ガイドブックは、施工者のみではなく、発注者、設計者、建物管理者等の皆様に外壁複合改修工法を理解していただくことを目的としています。

　最後に、本ガイドブックの編集委員会メンバーの皆様および協力いただいた関係者の皆様に心より感謝申し上げます。

2022 年 7 月

一般社団法人 外壁複合改修工法協議会

代表理事　山口 陽之介

目次

はじめに

第 1 章　外壁複合改修工法の経緯

1.1　建設技術評価制度

　建設技術評価制度は、建設技術評価規程（昭和53年建設省告示第976号）に基づいて、建設大臣が評価の対象となる研究を公表して、研究実施者を公募した上で、その研究の成果について評価する制度である。建設省は平成7年11月27日建設省告示第1860号によって、建設技術評価制度の研究対象として「外壁複合改修構工法の開発」の研究実施者を公募した。公募に際して、**表1.1**に示す開発目標が示されている。

表1.1　建設技術評価制度「外壁複合改修構工法の開発」における開発目標

開発目標	評価項目	評価基準
①外壁仕上仕上げ層の剥落に対する安全性を確保するものであること	ピンにかかる外力に対してピンが充分な耐力を有すること 複合改修層の下地との一体化及び下地補強効果を有すること	改修層の剥落時の自重、地震力、風圧力によるピンへの外力に対し、以下の耐力が充分な安全性を有すること ・コンクリート躯体に対するピンの引抜耐力 ・複合改修層に対するピンの引き抜き耐力 ・ピンのせん断耐力 ・下地との付着強度が0.4N/㎟以上であること ・改修層の補強効果があること
②耐久性を有すること	ピン、ネット及び塗付け材料の耐久性	・ピンは腐食に対する抵抗性が高いこと ・ネットは熱劣化やアルカリ性（塗付け材料がセメント系材料の場合）に対して抵抗性が高いこと ・ピン、ネットおよび塗付け材料の組み合わされた複合改修層が耐久性を有すること ・新規仕上げ層の浮きやひびわれ等が発生しにくいこと
③施工性が良いこと	適切な施工要領が確認されており、安全性等についても支障のないこと	・確実な施工の実績と、施工の安全性が確保されるような標準施工要領書が整備されていること ・狭小部位の施工においても特段の支障なく施工できること ・既存仕上げ層を撤去する必要がなく、建設廃棄物をほとんど算出しないものであること
④経済性に優れたものであること	経済性	・経済性に優れたものであること

　「外壁複合改修構工法の開発」の公募に対して、団体を含めた数社が技術開発に応募し、平成9年6月3日付で**図1.1**に示すような評価書が与えられた。なお、建設技術評価規定では同一の技術内容について再公募することは想定されていないため、建設技術評価制度に基づく評価を受けた「外壁複合改修構工法」は数種類に限定される。

　なお、建設技術評価制度においては構法と工法の両者の意味を有することから「外壁複合改修構工法」と呼称していたが、本ガイドブックでは外壁複合改修工法と呼称する。

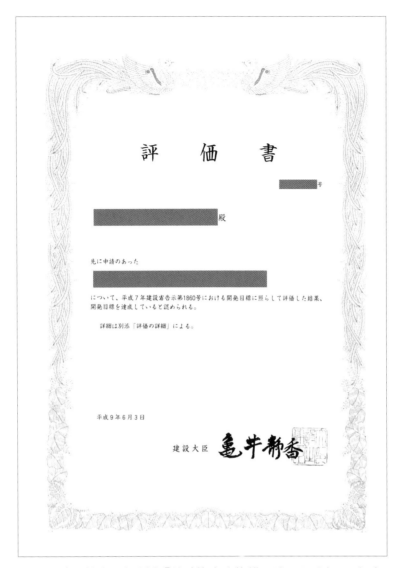

図 1.1　建設技術評価制度「外壁複合改修構工法の開発」の評価書

1.2　建設技術審査証明事業

　建設技術審査証明は、建設技術審査証明協議会の会員である14の法人が実施している事業であり、建設技術審査証明協議会が定めた「建設技術審査証明事業実施基準」等に従い、各会員が定める「実施要領」等に基づいて実施されている。本事業は、平成13年1月5日まで、建設大臣告示に基づいて建設大臣から認定を受けて14の法人が行ってきた「民間開発建設技術の技術審査・証明事業」の実績を踏まえて、平成13年1月10日に建設技術審査証明協議会が創設した事業である。

　建築分野を対象とする建設技術審査証明事業は（一財）日本建築センター、（一財）建築保全センターおよび（一財）ベターリビングで実施されている。

　外壁複合改修工法に関しては1.1で述べたように建設技術評価制度による公募および評価が実施されたが、外壁複合改修工法を対象とした評価が継続的に実施されるものではないため、建設技術評価に応募申請しなかった外壁複合改修工法や建設技術評価の後に開発された外壁複合改修工法の中には、第三者認証制度である建設技術審査証明を取得した工法が存在する。また、建設技術評価書を受けた工法の中にも、建設技術審査証明を取得した工法が存在する。

　建設技術審査証明を取得した外壁複合改修工法は、令和4年3月現在で、（一財）日本建築センターにおいて8工法、（一財）ベターリビングにおいて2工法が存在している。

1.3　UR都市機構における外壁複合改修工法

　外壁複合改修工法は、UR都市機構「保全工事共通仕様書 令和2年版」において、3章（外壁等修繕工事）の5節（外壁複合補修工事）および6節（外壁複合補修工事（再修繕））に採用されている。その材料・工法についても「機材及び工法の品質判定基準・仕様登録集　令和2年版」第二章（工法編）14.（外壁複合補修工法）で**表1.2**に示す品質判定基準が定められている。なお、UR都市機構仕様書では外壁複合改修工法でなく外壁複合補修工法と呼称している。

表1.2　UR都市機構「保全工事共通仕様書機材及び工法の品質判定基準仕様登録集平成29年版」における
外壁複合補修工法の品質判定基準

項目	判定基準	試験方法「外壁複合補修工法の性能試験方法」
コンクリート躯体に対するアンカーピンの引抜き試験	1,470N以上	試験番号01
複合補修層に対するアンカーピンの引抜き試験	1,470N以上	試験番号02
複合補修層の接着強度試験	0.7N/㎟	試験番号03
複合補修層の補強効果確認（面外曲げ）試験	曲げ強度が490N 若しくは変位が30㎜で破断しないこと	試験番号04
温冷繰返しに対する耐久性試験	0.5N/㎟	試験番号05

注記）性能試験方法の内容は省略
　　　外壁複合補修工法の狭小部への適用については試験番号02および04は適用しない。

　UR都市機構では、当初、セメントモルタル塗り仕上げ外壁やタイル張り仕上げ外壁における庇先端部、ベランダ先端部、出隅部、笠木等の剥落危険性が高い狭小部分へ適用する工法として「保全工事共通仕様書　平成10年版」に外壁複合補修工法を導入した。その後、外壁複合補修工法に関して実績を積み重ね、「保全工事共通仕様書　平成20年版」において外壁複合補修工法を外壁全面に適用した。そして、「保全工事共通仕様書　平成29年版」からは「専用フィラー塗り工法」に区分される外壁複合補修工法について再修繕工事仕様が確立されていることは特筆に値する。

1.4　建設大臣官房官庁営繕部（当時）の建築改修工事共通仕様書における 外壁複合改修工法の位置づけ

　外壁複合改修工法が普及した背景の一つは、平成元年11月21日に北九州市で起きた外壁タイル張り層落下事故である。この事故を契機として、外壁に対する剥落防止対策の意識が高まった。
　（一社）外壁複合改修工法協議会メンバーの外壁複合改修工法の施工実績を**図1.2**に示す。**図1.2**から看取できるように、平成7年に建設技術評価制度で公募される前から、外壁複合改修工法の開発は進んでおり、実際の外壁改修工事に適用されていた。一例を挙げると、平成5年および平成6年の日本建築仕上学会大会では、外壁複合改修工法に関する8編の研究発表[1]～[8]が行われている。
　外壁複合改修工法は平成3（1991）年ごろ上市されており、当初、ポリマーセメント系外壁複合改修工法が開発されて普及した。その後に透明樹脂系外壁複合改修工法および不透明樹脂系外壁複合改修工法が開発されて普及している。施工面積に変動は見られるものの増加傾向を示しており、一定の施工実績を有している。

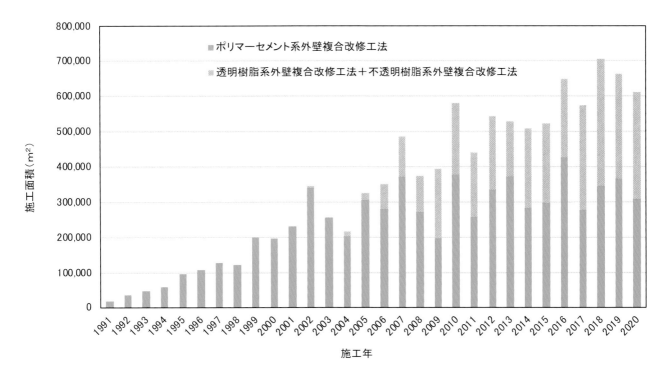

図1.2　外壁複合改修工法の施工実績

　建設大臣官房官庁営繕部（当時）は「建築改修工事共通仕様書（平成4年版）」を刊行した。「建築改修工事共通仕様書（平成4年版）」ではモルタル塗り仕上げ外壁やタイル張り仕上げ外壁の改修工法としては、以下に示すように劣化部を対象とした改修工法が標準化されていた。

①モルタル塗り仕上げ外壁の改修工法
　（ひび割れ部改修工法）
　・樹脂注入工法
　・シール工法
　（欠損部改修工法）
　・充てん工法
　（モルタル塗替え工法）
　（浮き部改修工法）
　・アンカーピンニング部分エポキシ樹脂注入工法
　・アンカーピンニング全面エポキシ樹脂注入工法
　・アンカーピンニング全面ポリマーセメントスラリー注入工法
②タイル張り仕上げ外壁の改修工法
　（ひび割れ部改修工法）
　・樹脂注入工法
　（欠損部改修工法）
　・タイル部分張替え工法
　・タイル張替え工法
　（浮き部改修工法）
　・アンカーピンニング部分エポキシ樹脂注入工法
　・アンカーピンニング全面エポキシ樹脂注入工法
　・アンカーピンニング全面ポリマーセメントスラリー注入工法
　・目地改修工法

前述したように、外壁複合改修工法は「建築改修工事共通仕様書（平成4年版）」には標準化されていないが、仕様書の解説書として刊行された「建築改修工事施工監理指針（平成4年版）」では、4章外壁改修工事、6節その他の外壁改修の中で4.6.3「繊維ネットを併用したポリマーセメントペーストの全面塗付け工法」として紹介された。その後、「建築改修工事監理指針（平成10年版）」は、前述した建設技術評価が実施されたことを踏まえて4章外壁改修工事、8節「改修共仕」以外の外壁改修の中で4.8.2「外壁複合改修構工法」として紹介され現在に至っている。

　図1.2に示された外壁複合改修工法の施工実績に関して、積算した施工面積を、官公庁（国、都道府県、市町村）の発注工事と民間（UR都市機構や各種住宅供給公社等を含む）の発注工事に区分すると図1.3に示すような比率となる。すなわち、外壁複合改修工法の施工面積の33%は官公庁発注の改修工事であることが理解できる。

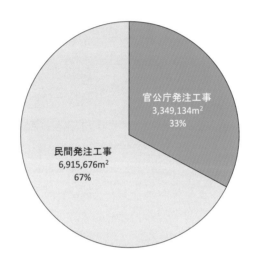

図1.3　外壁複合改修工法の施工面積に占める官公庁発注工事と民間発注工事との比率

1.5　（一社）外壁複合改修工法協議会の設立

　今まで述べたことから、外壁複合改修工法は重複も含めて以下のように分類できる。
　①建設技術評価制度で平成9年に「評価書」を受けた工法
　②建設技術審査証明事業で認証を受けた工法
　③UR都市機構「機材及び工法の品質判定基準・仕様登録集」に適合する工法
　④その他の工法
　このような背景にあって、令和2（2020）年9月に（一社）外壁複合改修工法協議会が設立された。協議会の主要目的の一つは、外壁複合改修工法の標準化である。外壁複合改修工法の標準化では、①建設技術評価制度における評価項目および評価基準、②建設技術審査証明での開発目標、③UR都市機構での品質判定基準、および④既往の研究成果等を参考として、外壁複合改修工法に共通した性能基準、施工標準等を確立することを目標としており、以下に示す項目について標準化を行った。
　標準化された内容を第2章以降に示す。
　①外壁複合改修工法の分類（第2章）
　②外壁複合改修工法の性能基準（第2章）
　③外壁複合改修工法の適用条件（第3章）
　④外壁複合改修工法適用のための事前調査（第3章）

⑤外壁複合改修工法の施工標準（第4章）
⑥外壁複合改修工法を適用する場合の考え方（第5章）

第1章　参考文献
1）佐々木淳他「アンカーピンとネットを併用した外壁改修工法に関する研究：その1 工法の概要と施工物件の実態調査」、日本建築仕上学会大会学術講演会研究発表論文集、pp.169-172（1993）
2）伊藤広暁他「アンカーピンとネットを併用した外壁改修工法に関する研究：その2 当該工法に用いる材料の品質」、日本建築仕上学会大会学術講演会研究発表論文集、pp.173-176（1993）
3）渡辺博司他「アンカーピンとネットを併用した外壁改修工法に関する研究：その3 下地の変形に対する追従性の実験的検討」、日本建築仕上学会大会学術講演会研究発表論文集、pp.177-180（1993）
4）近藤照夫他「アンカーピンとネットを併用した外壁改修工法に関する研究：その4 熱冷繰り返しによる耐久性の評価」、日本建築仕上学会大会学術講演会研究発表論文集、pp.181-184（1993）
5）本橋健司他「アンカーピンとネットを併用した外壁改修工法に関する研究：その5 既存仕上げ層と新しい仕上げ層を複合した場合の透湿性の評価」、日本建築仕上学会大会学術講演会研究発表論文集、pp.185-188（1993）
6）渡辺博司他「アンカーピンとネットを併用した外壁改修工法に関する研究：その6 温冷繰返後の下地圧縮歪への追従性試験」、日本建築仕上学会大会学術講演会研究発表論文集、pp.65-68（1994）
7）本橋健司他「アンカーピンとネットを併用した外壁改修工法に関する研究：その7 既存仕上げ層を部分除去した場合の透湿性の評価」、日本建築仕上学会大会学術講演会研究発表論文集、pp.69-72（1994）
8）近藤照夫他「アンカーピンとネットを併用した外壁改修工法に関する研究：その8 品質管理方法の検討と施工実績の追跡調査」、日本建築仕上学会大会学術講演会研究発表論文集、pp.73-76（1994）

第2章 外壁複合改修工法の分類

2.1 外壁複合改修工法の種類

外壁複合改修工法は、外壁面への塗布材料に基づいて**表2.1**に示す3種類に区分できる。

表2.1 外壁複合改修工法の区分

分類	内容
ポリマーセメント系外壁複合改修工法	ポリマーセメント系材料の塗布と繊維ネットの併用により既存外壁仕上げ層を一体化して、アンカーピンニング工法により剥落防止を図る工法であり、ポリマーセメント系材料を塗布した後には建築用仕上塗材等の表面仕上げが新たに施工される。
透明樹脂系外壁複合改修工法	繊維ネットを併用した透明樹脂、短繊維混入透明樹脂、または透明樹脂の塗布により既存外壁仕上げ層を一体化して、アンカーピンニング工法により剥落防止を図る工法である。既存の外観を保持することが可能なことから、主にタイル張り仕上げ外壁の改修工事に適用される。
不透明樹脂系外壁複合改修工法	繊維ネットを併用した不透明樹脂、短繊維混入不透明樹脂、または不透明樹脂の塗布により既存外壁仕上げ層を一体化して、アンカーピンニング工法により剥落防止を図る工法である。

なお、UR 都市機構「保全工事共通仕様書」ではポリマーセメント系外壁複合改修工法を「専用フィラー塗り工法」、透明樹脂系外壁複合改修工法を「透明樹脂塗り工法」と呼称している。

2.2 外壁複合改修工法に使用される材料

外壁複合改修工法に使用される材料を**表2.2**に示す。

表2.2 外壁複合改修工法に使用される材料

分類	使用材料
ポリマーセメント系外壁複合改修工法	①プライマー、②ポリマーセメント系材料、③繊維ネット、④アンカーピン、⑤表面仕上げ材料
透明樹脂系外壁複合改修工法	①プライマー、②透明樹脂または短繊維混入透明樹脂、③（繊維ネット）、④アンカーピン、⑤透明保護塗料
不透明樹脂系外壁複合改修工法	①プライマー、②不透明樹脂または短繊維混入不透明樹脂、③（繊維ネット）、④アンカーピン、⑤保護塗料

ポリマーセメント系外壁複合改修工法に使用される材料について解説する。

①プライマー

下地とポリマーセメント系材料との接着力を確保するための塗布材料であり、合成樹脂系プライマー、水性エマルション、ポリマーセメントペースト等を使用している。なお、後述する外壁複合改修工法の共通性能試験の中の「複合改修層の接着強度試験」および「温冷繰り返し後の接着強度試験」に合格することが確認できる場合は、プライマーを省略してもよい。

②ポリマーセメント系材料

ポルトランドセメントと各種ディスパージョン等を組み合わせた材料を塗布材料として使用している。

③繊維ネット

ビニロン、ナイロン等の有機系繊維や耐アルカリ性ガラス等の無機系繊維を2軸、3軸のネットにして使用している。

④アンカーピン

外壁複合改修工法により一体化されたモルタル仕上げ層またはタイル張り仕上げ層をコンクリート躯体に固定するために使用される。アンカーピンとしては、注入口付アンカーピンニング部分エポキシ樹脂注入工法に利用されている注入口付アンカーピンおよび打ち込みにより機械的に固定する金属拡張アンカーピンが利用される。
また、ポリマーセメント系外壁複合改修工法では座金付きのアンカーピンが使用される。

⑤表面仕上げ材料

外壁複合改修層の表面仕上げとして建築用仕上塗材等の表面仕上げ材料が利用される。外壁複合改修層の上に更に新しいタイル張り仕上げを施工する工法は本ガイドブックでは適用外としている。

次に透明樹脂系外壁複合改修工法に使用される材料について解説する。

①プライマー

下地と透明樹脂との接着力を確保するための塗布材料であり、合成樹脂系プライマーを使用している。

②透明樹脂または短繊維混入透明樹脂

透明度が高く耐候性を有したウレタン樹脂、アクリル樹脂、アクリルウレタン樹脂、アクリルシリコン樹脂等を主成分とする溶剤系、弱溶剤系、水性エマルション系樹脂を塗布材料として使用している。補強のために短繊維を混入した短繊維混入透明樹脂と補強用短繊維を混入していない透明樹脂がある。

③繊維ネット

一般的ではないが、ビニロン、ナイロン等の有機系繊維や耐アルカリ性ガラス等の無機系繊維を2軸、3軸のネットにして透明樹脂と共に使用する透明樹脂系外壁複合改修工法も考えられる。

④アンカーピン

外壁複合改修工法により一体化されたタイル張り仕上げ層をコンクリート躯体に固定するために使用さ

れる。アンカーピンとしては、注入口付アンカーピンニング部分エポキシ樹脂注入工法に利用されている注入口付アンカーピンおよび打ち込みにより機械的に固定する金属拡張アンカーピンが利用される。また、透明樹脂系外壁複合改修工法では座金なしのアンカーピンが使用される。

⑤透明保護塗料

透明樹脂および繊維混入透明樹脂に耐候性を付与するため、透明度および耐候性を有する塗料を表層に施工する。透明なアクリルウレタン樹脂、アクリルシリコン樹脂等が使用される。透明保護塗料の耐候性はキセノンランプ法による促進耐候性試験により区分する。

次に不透明樹脂系外壁複合改修工法に使用される材料について解説する。

①プライマー

下地と不透明樹脂との接着力を確保するための塗布材料であり、合成樹脂系プライマーを使用している。

②不透明樹脂または短繊維混入不透明樹脂

不透明なウレタン樹脂、アクリル樹脂、アクリルウレタン樹脂、アクリルシリコン樹脂等を主成分とする溶剤系、弱溶剤系、水性エマルション系樹脂を塗布材料として使用している。補強のために短繊維を混入した短繊維混入不透明樹脂と補強用短繊維を混入していない不透明樹脂がある。

③繊維ネット

ビニロン、ポリプロピレン等の有機系繊維や耐アルカリ性ガラス等の無機系繊維を2軸、3軸のネットにして不透明樹脂と共に使用する不透明樹脂系外壁複合改修工法も考えられる。

④アンカーピン

外壁複合改修工法により一体化されたモルタル仕上げ層またはタイル張り仕上げ層をコンクリート躯体に固定するために使用される。アンカーピンとしては、注入口付アンカーピンニング部分エポキシ樹脂注入工法に利用されている注入口付アンカーピンおよび打ち込みにより機械的に固定する金属拡張アンカーピンが利用される。
また、不透明樹脂系外壁複合改修工法では座金付きのアンカーピンが使用される。

⑤保護塗料

不透明樹脂および繊維混入不透明樹脂に耐候性を付与するため、耐候性を有する塗料を表層に施工する。アクリルウレタン樹脂、アクリルシリコン樹脂等が使用される。保護塗料の耐候性はキセノンランプ法による促進耐候性試験により区分する。

2.3　外壁複合改修工法の性能基準

外壁複合改修工法は表2.1に示すように分類され、それぞれの工法は表2.2に示す材料で構成される。このような外壁複合改修工法の性能を、統一された試験方法で評価し、その基準を明確化するために、表2.3に示す外壁複合改修工法の性能基準を定めた。
なお、外壁複合改修工法の性能基準を定めるにあたっては、以下に示す既存の基準等を参考にした。

①注入口付アンカーピンの品質・性能基準　2013年3月改訂（独立行政法人建築研究所・日本建築仕上学会報告書）

②平成7年11月27日建設省告示第1860号によって示された建設技術評価制度「外壁複合改修構工法の開発」の開発目標、評価項目および評価基準

③UR都市機構「機材及び工法の品質判定基準・仕様登録集令和2年版」第二章（工法編）14.（外壁複合補修工法）に示された品質判定基準

④建設技術審査証明を取得した外壁複合改修工法に示された開発目標

⑤外壁複合改修工法に関する既往の研究発表

表2.3　外壁複合改修工法の性能基準

No.	項　目	品質基準
1	アンカーピン単体のせん断強度	3,000N 以上
2	コンクリート躯体のアンカーピン引抜き荷重	1,500N 以上
3	外壁複合改修層のアンカーピン引抜き荷重	1,500N 以上
4	注入口付アンカーピンの漏れ性能[*]	漏れのないこと
5	外壁複合改修層の接着強度	0.4N/㎟ 以上
6	温冷繰り返し後の接着強度	0.4N/㎟ 以上
7	外壁複合改修層の面外曲げ性能	曲げ強度が490N もしくは変位が30㎜で破断しないこと
8	外壁複合改修層の耐候性区分[**]	JIS A6909に規定する耐候形1種、2種、3種のいずれかに該当すること

[*]　注入口付アンカーピンを使用する場合に適用する。
[**] 透明樹脂系外壁複合改修工法および不透明樹脂系外壁複合改修工法に適用する。

外壁複合改修工法の性能基準の詳細を付属資料－1として巻末に示す。

第3章 外壁複合改修工法の適用条件

3.1 外壁複合改修工法の適用下地

　ポリマーセメント系外壁複合改修工法および不透明樹脂系外壁複合改修工法は、**表3.1**に示す下地に対して適用する。

表3.1　ポリマーセメント系外壁複合改修工法および不透明樹脂系外壁複合改修工法の適用下地

適用下地	躯　体	仕上げ層
モルタル塗り仕上げ外壁	コンクリート躯体の アンカーピン引抜き荷重 1,500 N 以上	セメントモルタル塗り + 外装用仕上げ材 （総厚10 ㎜〜75 ㎜）
タイル張り仕上げ外壁	コンクリート躯体の アンカーピン引抜き荷重 1,500 N 以上	（下地モルタル）+ 張付けモルタル + タイル （総厚10 ㎜〜75 ㎜）

注記:
1) コンクリート躯体は現場打ち鉄筋コンクリート、現場打ち鉄骨鉄筋コンクリートまたはプレキャスト鉄筋コンクリートとする。
2) コンクリート躯体は付属資料−2「アンカーピン引抜き試験」による引抜き荷重が1,500N以上であること。
3) 下地モルタル、張付けモルタル、タイル等が伸縮調整目地をまたいで施工されていないこと。
4) モルタル塗り仕上げ外壁の外装用仕上げ材は外壁用塗膜防水材、建築仕上塗材、マスチック塗材等とする。
5) 仕上げ層の総厚10㎜〜75㎜を標準とする。長いアンカーピンを製造すれば75㎜を超える総厚にも施工可能であるが、剥落に対する安全性等について別途協議が必要である。
6) 建物高さは45m以下とする。45mを超える場合は別途協議が必要である。

　また、透明樹脂系外壁複合改修工法は**表3.2**に示す下地に対して適用する。

表3.2　透明樹脂系外壁複合改修工法の適用下地

適用下地	躯　体	仕上げ層
タイル張り仕上げ外壁	コンクリート躯体の アンカーピン引抜き荷重 1,500 N 以上	（下地モルタル）+ 張付けモルタル + タイル （総厚10 ㎜〜75 ㎜）

注記:
1) コンクリート躯体は現場打ち鉄筋コンクリート、現場打ち鉄骨鉄筋コンクリートまたはプレキャスト鉄筋コンクリートとする。
2) コンクリート躯体は付属資料−2「アンカーピン引抜き試験」による引抜き荷重が1,500N以上であること。
3) 下地モルタル、張付けモルタル、タイル等が伸縮調整目地をまたいで施工されていないこと。
4) ラスタータイル、光触媒加工タイル等への適用は別途協議が必要である。
5) 仕上げ層の総厚10㎜〜75㎜を標準とする。長いアンカーピンを製造すれば75㎜を超える総厚にも施工可能であるが、剥落に対する安全性等について別途協議が必要である。
6) 建物高さは45m以下とする。45mを超える場合は別途協議が必要である。

3.2 　外壁複合改修工法を適用するための事前調査

外壁複合改修工法を適用する下地に対しては、以下の事前調査を実施する。

①アンカーピン引抜き試験

改修対象のコンクリート躯体にアンカーピンを所定深さに施工し、引抜き荷重が1,500N以上であることを確認する。試験箇所数は3箇所以上、かつ300㎡及びその端数につき1箇所以上とし、位置は施工面全体の代表となるような箇所より無作為に、かつ落下により歩行者等に危害をくわえるおそれがある外壁面より選択する。

試験方法の詳細を巻末の付属資料－2「アンカーピン引抜き試験」に示す。

②仕上げ層のコア抜き試験

仕上げ層の層構成や厚さを把握し、アンカーピンの長さを選定するため、コア抜き試験を実施する。試験箇所数は改修対象となる建物の各施工面について3階毎に1箇所以上とする。位置については各施工面全体の代表となるような箇所を無作為に選択する。

コンクリートコアは18㎜～50㎜φ程度とし、仕上げ材表面からコンクリート躯体までの仕上げ層の厚さを測定する。

試験方法の詳細を巻末の付属資料－3「仕上げ層のコア抜き試験」に示す。

なお、コア抜き試験に替えて部分的にはつりを行って仕上げ層の層構成や厚さを把握してもよい。

3.3 　適用下地の補修

外壁複合改修工法を適用する下地を確認し、事前に以下のような補修を実施する。

①ひび割れ補修

ひび割れ幅0.2㎜以上のひび割れは国土交通省大臣官房官庁営繕部「公共建築改修工事標準仕様書」（以下、「改修標仕」）に準拠して樹脂注入工法またはUカットシール材充填工法により補修する。ただし、透明樹脂系外壁複合改修工法を適用する場合は、タイル陶片のひび割れについてはタイル部分張替え工法を適用する。

②浮き補修

ポリマーセメント系外壁複合改修工法および不透明樹脂系外壁複合改修工法を適用する場合であって、連続した浮きの面積が0.5㎡以上ならば、「改修標仕」に準拠したアンカーピンニングエポキシ部分樹脂注入工法または注入口付アンカーピンニング部分エポキシ樹脂注入工法を4本/㎡として適用する。

また、透明樹脂系外壁複合改修工法の場合は、連続した浮きの面積が0.25㎡以上ならば、「改修標仕」に準拠したアンカーピンニング部分エポキシ樹脂注入工法または注入口付アンカーピンニング部分エポキシ樹脂注入工法を4本/㎡として適用する。

③欠損補修

ポリマーセメント系外壁複合改修工法および不透明樹脂系外壁複合改修工法を適用する場合は、「改修標仕」に準拠したエポキシ樹脂モルタル充填工法またはポリマーセメントモルタル充填工法により補修する。

また、透明樹脂系外壁複合改修工法の場合は、「改修標仕」に準拠したエポキシ樹脂モルタル充填工法またはポリマーセメントモルタル充填工法により断面修復を行った後にタイル部分張替え工法を適用する。

④高圧水洗

モルタル塗り仕上げ外壁に施工されている付着力が不十分な外装仕上げ材を除去し、外壁面を洗浄するため10～15MPaの条件で高圧水洗を行う。

⑤凹凸の著しい仕上げの処理

モルタル塗り仕上げ外壁表面に凹凸の著しいスタッコが施工されている場合、タイル張り外壁の目地材が充填されていないあるいは深目地の場合等では事前に、ポリマーセメントモルタル充填工法等により平滑処理を行う。

第 4 章 外壁複合改修工法の施工標準

4.1 施工調査

工事の着手に先立ち、施工計画作成のための調査を行う。

①施工数量調査（外壁下地調査）

外壁複合改修工法を適用する外壁下地の劣化および数量を確認する。

なお、確認された劣化は図面に記録し、施工記録などと共に竣工図書として保管することが推奨される。外壁複合改修工法は対象となる外壁全面を覆い隠すため、施工後において補修された劣化部分の位置や範囲の特定が困難となる。次回以降の改修工事を合理的かつ有効的に実施するためには、外壁下地の劣化部分を特定することが重要である。

(a)ひび割れ

発生位置、ひび割れ長さ、ひび割れ幅を目視やクラックスケール等にて確認する。

(b)浮き

発生位置、1箇所当たりの浮き範囲をテストハンマー等により診断して、チョーク等により明示する。

但し、浮き部でも通常レベルの打撃力によって容易に剥落する場合は、欠損の扱いとする。

(c)欠損

発生位置、範囲を目視やスケール等にて確認する。

②施工前試験

施工に先立ち、コンクリート躯体のアンカーピン引抜き荷重を確認するため、アンカーピンの引抜き試験を実施する。また、仕上げ層の層構成や厚さを把握するため、仕上げ層のコア抜き試験を実施する。

アンカーピンの引抜き試験および仕上げ層のコア抜き試験の詳細をそれぞれ付属資料－2および付属資料－3に示す。

4.2 標準施工フロー

ポリマーセメント系外壁複合改修工法の標準施工フローを**表4.1**に、透明樹脂系外壁複合改修工法の標準施工フローを**表4.2**に、および不透明樹脂系外壁複合改修工法の標準施工フローを**表4.3**に示す。

表4.1　ポリマーセメント系外壁複合改修工法の標準施工フロー

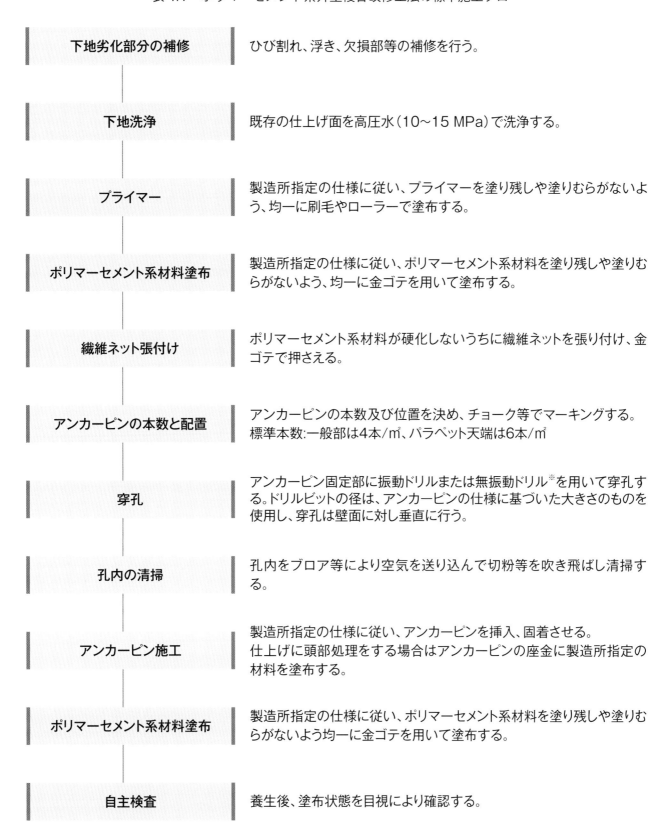

下地劣化部分の補修	ひび割れ、浮き、欠損部等の補修を行う。
下地洗浄	既存の仕上げ面を高圧水（10〜15 MPa）で洗浄する。
プライマー	製造所指定の仕様に従い、プライマーを塗り残しや塗りむらがないよう、均一に刷毛やローラーで塗布する。
ポリマーセメント系材料塗布	製造所指定の仕様に従い、ポリマーセメント系材料を塗り残しや塗りむらがないよう、均一に金ゴテを用いて塗布する。
繊維ネット張付け	ポリマーセメント系材料が硬化しないうちに繊維ネットを張り付け、金ゴテで押さえる。
アンカーピンの本数と配置	アンカーピンの本数及び位置を決め、チョーク等でマーキングする。標準本数:一般部は4本/㎡、パラペット天端は6本/㎡
穿孔	アンカーピン固定部に振動ドリルまたは無振動ドリル※を用いて穿孔する。ドリルビットの径は、アンカーピンの仕様に基づいた大きさのものを使用し、穿孔は壁面に対し垂直に行う。
孔内の清掃	孔内をブロア等により空気を送り込んで切粉等を吹き飛ばし清掃する。
アンカーピン施工	製造所指定の仕様に従い、アンカーピンを挿入、固着させる。仕上げに頭部処理をする場合はアンカーピンの座金に製造所指定の材料を塗布する。
ポリマーセメント系材料塗布	製造所指定の仕様に従い、ポリマーセメント系材料を塗り残しや塗りむらがないよう均一に金ゴテを用いて塗布する。
自主検査	養生後、塗布状態を目視により確認する。

※無振動ドリルは穿孔時の音が問題となる場合において騒音対策として使用する。（例：病院、学校等）

表4.2　透明樹脂系外壁複合改修工法の標準施工フロー

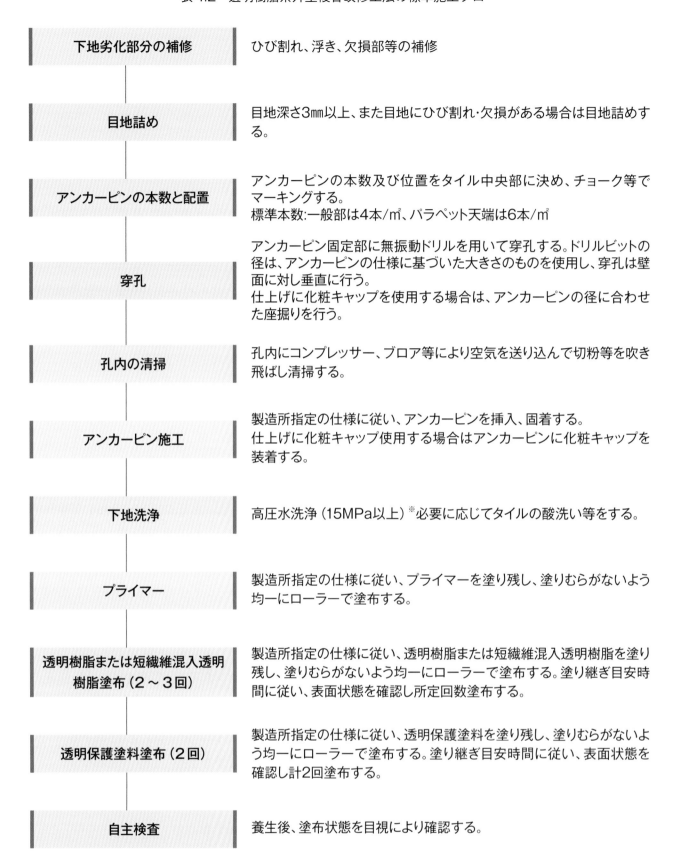

下地劣化部分の補修	ひび割れ、浮き、欠損部等の補修
目地詰め	目地深さ3mm以上、また目地にひび割れ・欠損がある場合は目地詰めする。
アンカーピンの本数と配置	アンカーピンの本数及び位置をタイル中央部に決め、チョーク等でマーキングする。 標準本数:一般部は4本/㎡、パラペット天端は6本/㎡
穿孔	アンカーピン固定部に無振動ドリルを用いて穿孔する。ドリルビットの径は、アンカーピンの仕様に基づいた大きさのものを使用し、穿孔は壁面に対し垂直に行う。 仕上げに化粧キャップを使用する場合は、アンカーピンの径に合わせた座掘りを行う。
孔内の清掃	孔内にコンプレッサー、ブロア等により空気を送り込んで切粉等を吹き飛ばし清掃する。
アンカーピン施工	製造所指定の仕様に従い、アンカーピンを挿入、固着する。 仕上げに化粧キャップ使用する場合はアンカーピンに化粧キャップを装着する。
下地洗浄	高圧水洗浄（15MPa以上）※必要に応じてタイルの酸洗い等をする。
プライマー	製造所指定の仕様に従い、プライマーを塗り残し、塗りむらがないよう均一にローラーで塗布する。
透明樹脂または短繊維混入透明樹脂塗布（2～3回）	製造所指定の仕様に従い、透明樹脂または短繊維混入透明樹脂を塗り残し、塗りむらがないよう均一にローラーで塗布する。塗り継ぎ目安時間に従い、表面状態を確認し所定回数塗布する。
透明保護塗料塗布（2回）	製造所指定の仕様に従い、透明保護塗料を塗り残し、塗りむらがないよう均一にローラーで塗布する。塗り継ぎ目安時間に従い、表面状態を確認し計2回塗布する。
自主検査	養生後、塗布状態を目視により確認する。

※透明樹脂系外壁複合改修工法の場合、アンカーピン施工後に実施する。15MPa以上の高圧水にて洗浄し、目地は十分に乾燥させる。また、タイル面が著しく汚れている場合は、希塩酸系洗浄剤等を用いて汚れを除去する。なお、洗浄剤は残留しないようよく洗い流す。

表4.3　不透明樹脂系外壁複合改修工法の標準施工フロー

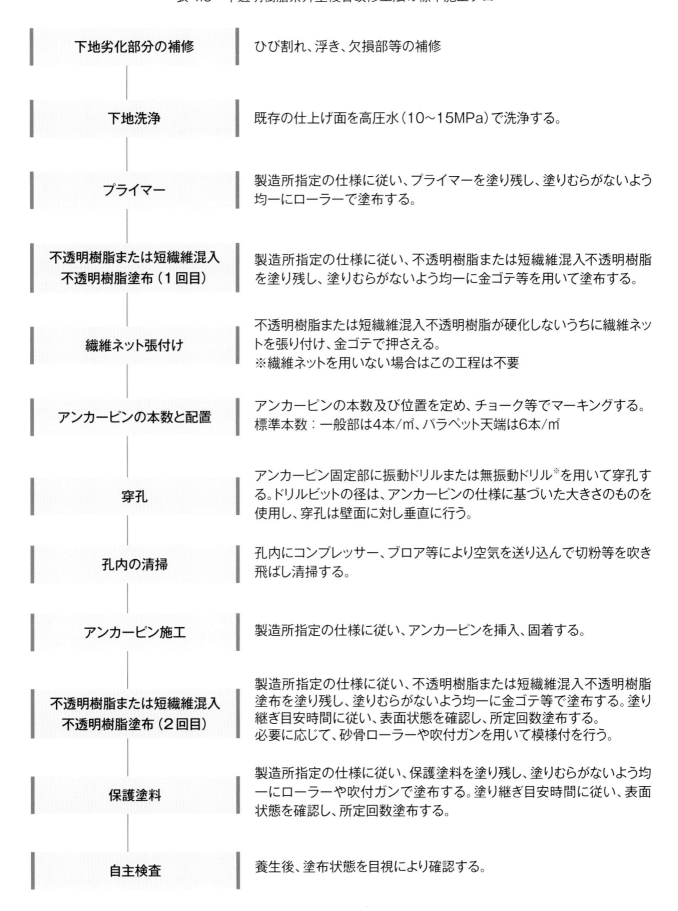

下地劣化部分の補修	ひび割れ、浮き、欠損部等の補修
下地洗浄	既存の仕上げ面を高圧水（10～15MPa）で洗浄する。
プライマー	製造所指定の仕様に従い、プライマーを塗り残し、塗りむらがないよう均一にローラーで塗布する。
不透明樹脂または短繊維混入不透明樹脂塗布（1回目）	製造所指定の仕様に従い、不透明樹脂または短繊維混入不透明樹脂を塗り残し、塗りむらがないよう均一に金ゴテ等を用いて塗布する。
繊維ネット張付け	不透明樹脂または短繊維混入不透明樹脂が硬化しないうちに繊維ネットを張り付け、金ゴテで押さえる。 ※繊維ネットを用いない場合はこの工程は不要
アンカーピンの本数と配置	アンカーピンの本数及び位置を定め、チョーク等でマーキングする。 標準本数：一般部は4本/㎡、パラペット天端は6本/㎡
穿孔	アンカーピン固定部に振動ドリルまたは無振動ドリル※を用いて穿孔する。ドリルビットの径は、アンカーピンの仕様に基づいた大きさのものを使用し、穿孔は壁面に対し垂直に行う。
孔内の清掃	孔内にコンプレッサー、ブロア等により空気を送り込んで切粉等を吹き飛ばし清掃する。
アンカーピン施工	製造所指定の仕様に従い、アンカーピンを挿入、固着する。
不透明樹脂または短繊維混入不透明樹脂塗布（2回目）	製造所指定の仕様に従い、不透明樹脂または短繊維混入不透明樹脂塗布を塗り残し、塗りむらがないよう均一に金ゴテ等で塗布する。塗り継ぎ目安時間に従い、表面状態を確認し、所定回数塗布する。 必要に応じて、砂骨ローラーや吹付ガンを用いて模様付を行う。
保護塗料	製造所指定の仕様に従い、保護塗料を塗り残し、塗りむらがないよう均一にローラーや吹付ガンで塗布する。塗り継ぎ目安時間に従い、表面状態を確認し、所定回数塗布する。
自主検査	養生後、塗布状態を目視により確認する。

※無振動ドリルは穿孔時の音が問題となる場合において騒音対策として使用する。（例：病院、学校等）

表4.1、表4.2および表4.3に示した外壁複合改修工法の標準施工フローの中の「下地劣化部分の補修」および「下地洗浄」の施工要領について以下に示す。

①下地劣化部の補修

外壁下地調査により補修の対象とした劣化部分を補修する。

補修方法は「公共建築改修工事標準仕様書（建築工事編）平成31年版」（国土交通省大臣官房官庁営繕部監修）に準拠している。

(a)ひび割れ

対象：ひび割れ幅0.2mm以上とする。

(1)自動式低圧樹脂注入工法

i)ひび割れに沿って幅50mm程度の汚れを除去し、清掃する。

ii)注入間隔は、200mm〜300mm間隔とする。

iii)注入器具又は台座をひび割れが中心にくるようにして、仮止めシール材等で取り付ける。

iv)仮止めシール材は、シール材の製造所の仕様により、2成分形シール材の場合は、主剤と硬化剤を正確に計量し、均一になるまで混練りする。

v)ひび割れ部に沿って仮止めシール材をパテへら等で幅30mm、厚さ2mm程度にシールする。
なお、裏面に注入材料が漏れるおそれのある場合は、裏面に仮止めシール材を行うか、又は、裏面から流出しない粘度の注入材を使用する。

vi)注入用エポキシ樹脂は、製造所の仕様にしたがって主剤と硬化剤を正確に計量し、均一になるまで混練りする。

vii)混練りしたエポキシ樹脂を注入器具に入れ、ゴム、バネ、空気圧等により、注入圧を0.4N/mm²以下として注入する。

viii)注入時は、台座やシール部からの漏れをチェックし、注入器具内のエポキシ樹脂の減量状態を確認して、足りない場合は補充する。なお、注入完了後は、注入器具を取り付けたまま硬化養生をする。

ix)エポキシ樹脂注入材の硬化を見計らい、仮止めシール材及び注入器具を適切な方法で撤去し、清掃を行う。

(2)Uカットシール材充填工法

i)ひび割れ部に沿って電動カッター等を用いて幅10mm程度、深さ10〜15mm程度にU字型の溝を設ける。

ii)Uカット溝内部に付着している切片、粉じん等は、ワイヤーブラシ、はけ等で除去する。

iii)被着体に適したプライマーを溝内部に塗残しのないよう均一に塗布する。

iv)プライマー塗布後、ごみ、ほこり等が付着した場合又は当日充填ができない場合は再清掃し、プライマーを再塗布する。

v)充填は、次による。

〈シーリング材を充填する場合〉

イ)シーリング材が隅々まで行きわたるようにコーキングガンのノズルをUカット溝に当て、加圧しながら隙間、打ち残しがないように充填し、へらで押え下地と密着させて表面を平滑に仕上げる。

ロ)2成分形シーリング材は、シール材の製造所の指定する配合により、可使時間に見合った量を、練り混ぜて使用する。

ハ)特記により、シーリング材のうえにポリマーセメントモルタルを充填する場合は、シーリング材をコンクリート表面から3〜5mm程度低めに充填し、充填後は、へらで押え、下地と密着させて表面を落とし仕上げとする。シーリング材硬化後、ポリマーセメントモルタルをコンクリート表面に合わせて平滑に塗り込む。

〈可とう性エポキシ樹脂を充填する場合〉

イ) 可とう性エポキシ樹脂を入れたコーキングガンのノズルをUカット溝に当て充填する。充填後は、へらで押え、下地と密着させて平滑に仕上げる。

ロ) 可とう性エポキシ樹脂は、可とう性エポキシ樹脂の製造所の仕様により、2成分形の場合は、主剤と硬化剤を正確に計量し、均一になるまで混練りする。

※ 施工下地がタイル張り仕上げ外壁の場合、タイルのみのひび割れについては無処理とする。ただし、透明樹脂系外壁複合改修工法においては施工後の意匠が損なわれるため、割れたタイルは撤去し有機系接着剤によりタイル張替えを行う。

(b)浮き

対象：ポリマーセメントモルタル系外壁複合改修工法、不透明樹脂系外壁複合改修工法は連続した浮き面積が0.5㎡以上とする。透明樹脂系外壁複合改修工法は連続した浮き面積が0.25㎡以上とする。

※ 透明樹脂系外壁複合改修工法は透明であるため、下地の状態が意匠性に大きく影響する。施工後の経年劣化による浮き面積拡大が発生した場合、その補修は意匠性を損なう可能性が高い。そのため、透明樹脂系外壁複合改修工法の補修対象の浮き面積はポリマーセメント系、不透明樹脂系外壁複合改修工法における補修対象の浮き面積より小さい0.25㎡以上を補修対象としている。

(1)アンカーピンニング部分エポキシ樹脂注入工法

i) 浮き部分に対するアンカーピンの本数は、4本/㎡とする。

ii) アンカーピン固定部の穿孔は、コンクリート用ドリルを用い、使用するアンカーピンの直径より約1〜2㎜大きい直径とし、壁面に対し直角に穿孔する。穿孔は、構造体コンクリート中に30㎜程度の深さに達するまで行う。

iii) 孔内をブラシ等で清掃後、圧搾空気、吸引機等で接着の妨げとなる切粉等を除去する。

iv) 穿孔内の乾燥状態を確認する。

v) アンカーピン固定用エポキシ樹脂は、アンカーピン固定用エポキシ樹脂の製造所の仕様により、均一になるまで混練りする。

vi) アンカーピン固定用エポキシ樹脂は、手動式注入器を用い、アンカーピン固定部の深部から徐々に注入する。注入量は、挿入孔1か所当たり25ml（約30g）とする。

vii) アンカーピンのネジ切り部分にアンカーピン固定用エポキシ樹脂を塗布してから、気泡の巻込みに注意して挿入する。

viii) アンカーピンを最深部まで挿入し、パテ状エポキシ樹脂等で仕上げる。

ix) アンカーピン固定部は、夏期で15時間程度、冬期では24時間程度、衝撃を与えないようにし、降雨等からも養生を行う。

x) 注入部以外に付着した材料は、適切な方法で除去し、清掃する。

(2)注入口付アンカーピンニング部分エポキシ樹脂注入工法

i) 浮き部分に対するアンカーピンの本数は、4本/㎡とする。

ii) 注入口付アンカーピンを挿入する孔の穿孔は、コンクリート用振動ドリルを用い、同ドリル径は注入口付アンカーピンの製造所の仕様による。穿孔は、壁面に対し直角に行い、マーキングに従って、構造体コンクリート中に20㎜以上の深さに達するまで行う。

iii) 穿孔後は、孔内をブラシ等で清掃後、圧搾空気、吸引機等で接着の妨げとなる切粉等を除去する。

iv) 穿孔内の乾燥状態を確認する。

v) 使用する注入口付アンカーピンの長さは、仕上げ材の厚みに+20㎜以上とする。

vi) 注入口付アンカーピンを孔に挿入し、ハンマーで軽く叩いて仕上げ材の面まで打ち込んだ後、専用の打込み工具で先端の開脚部を拡張し、注入口付アンカーピンを固着する。

vii) 注入するエポキシ樹脂は、製造所の仕様により、均一になるまで混練りする。

viii) 注入するエポキシ樹脂は、手動式注入器を用い、注入口から徐々に注入する。注入量は、注入口1か所当たり25ml（約30g）とする。

ix) 注入口はパテ状エポキシ樹脂等で仕上げる。

x) 注入部以外に付着した材料は、適切な方法で除去し、清掃する。

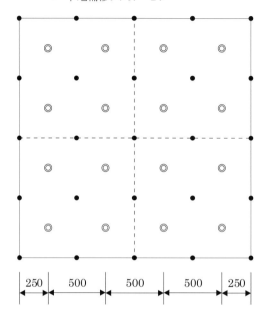

◎ 外壁複合改修工法アンカーピン
● 下地補修アンカーピン

250　500　500　500　250

図4.1　外壁複合改修工法の場合のアンカーピンの配置

(c)欠損

欠損部の補修はエポキシ樹脂モルタル充填工法またはポリマーセメントモルタル充填工法とする。

(1)エポキシ樹脂モルタル充填工法

　i) 欠損部のぜい弱部分をハンマー等で取り除き、清掃後にプライマーを被着面にはけを用いて塗布する。

　ii) エポキシ樹脂モルタルは、エポキシ樹脂モルタルの製造所の仕様により、均一になるまで混練りする。

　iii) プライマーの粘着性のあるうちに、エポキシ樹脂モルタルを充填し、表面を金ごてで加圧しながら平滑に仕上げる。

　iv) 仕上げ後、夏期で15時間以上、冬期では24時間以上養生を行う。

　v) 補修部以外に付着した材料は、適切な方法で除去し、清掃する。

(2)ポリマーセメントモルタル充填工法

　i) 欠損部のぜい弱部分をハンマー等で取り除き、清掃後にプライマーを被着面にはけを用いて塗布する。

　ii) ポリマーセメントモルタルは、ポリマーセメントモルタルの製造所の仕様により、調合し混練りする。

　iii) はがれの状況により、1〜3層に分けてポリマーセメントモルタルを充填又は塗布する。各層の塗り厚は7mm程度とし、表面を金ごてで加圧しながら平滑に仕上げる。

ⅳ) 各層共、急激な乾燥を避け、適切な養生を行う。

ⅴ) 補修部以外に付着した材料は、適切な方法で除去し、清掃する。

ⅵ) ポリマーセメントモルタルが硬化するまでは汚損等ないようにするとともに降雨等からも養生する。

⒟その他

⑴タイル目地処理

施工下地のタイル目地深さが3㎜以上の場合は目地モルタル、ポリマーセメントモルタル等にて目地充填を行い目地深さ3㎜以内に処理する。

⑵不陸の調整

ポリマーセメントモルタル系外壁複合改修工法、不透明樹脂系外壁複合改修工法において、施工下地がスタッコ仕上げ等凹凸の大きい下地の場合は、ポリマーセメントモルタル等にて平滑に処理する。

②下地洗浄

既存の仕上げ面を高圧水（10〜15MPa）で洗浄する。

4.3　施工後の接着強度試験

外壁複合改修工法の塗布材料が下地に接着していることを確認する。

透明樹脂系外壁複合改修工法および不透明樹脂系外壁複合改修工法においては接着強度試験後の復元が困難で意匠性を損なうため、必ずしも施工後の接着強度試験を適用するとは限らない。必要に応じて、別途試験体を作成して確認する。

接着強度試験

試験方法の詳細を巻末の付属資料−4「複合改修層の接着強度試験」に示す。

なお、試験を実施した部分は外壁複合改修工法の塗布材料により補修する。

4.4　外壁複合改修工法の施工要領

外壁複合改修工法の各工程については付属資料−6「各種外壁複合改修工法の概要および施工例」を参照いただきたい。なお、不透明樹脂系外壁複合改修工法に関しては、付属資料−6に示すように**表4.3**に示す標準施工フローと異なる施工手順の工法もある。

また、繊維ネットを使用する外壁複合改修工法では外壁下地の部位、形状に対応して繊維ネットをどのように納めるか、繊維ネットの重なり部分等をどのように納めるかという点が重要である。付属資料−5には外壁複合改修工法における繊維ネットの参考納まり図を示しているので参照いただきたい。

第 5 章　外壁複合改修工法の適用について

5.1　標準化された外壁改修工法の種類とその適用について

　国土交通省大臣官房官庁営繕部「公共建築改修工事標準仕様書（令和４年版）」（以下、「改修標仕」）では、セメントモルタル塗り仕上げ外壁およびタイル張り仕上げ外壁に対して、以下の改修工法を標準化している。

①モルタル塗り仕上げ外壁の改修工法
　（ひび割れ部改修工法）
　(a)樹脂注入工法
　(b)Uカットシール材充填工法
　(c)シール工法
　（欠損部改修工法）
　(a)充填工法
　(b)モルタル塗替え工法
　（浮き部改修工法）
　(a)アンカーピンニング部分エポキシ樹脂注入工法
　(b)アンカーピンニング全面エポキシ樹脂注入工法
　(c)アンカーピンニング全面ポリマーセメントスラリー注入工法
　(d)注入口付アンカーピンニング部分エポキシ樹脂注入工法
　(e)注入口付アンカーピンニング全面エポキシ樹脂注入工法
　(f)注入口付アンカーピンニング全面ポリマーセメントスラリー注入工法
　(g)充填工法
　(h)モルタル塗替え工法

②タイル張り仕上げ外壁の改修工法
　（ひび割れ部改修工法）
　(a)樹脂注入工法
　〔平成31年版「改修標仕」までは、Uカットシール材充填工法も挙げられていたが、タイル張り仕上げ外壁の場合は、コンクリートまたはモルタル層に適用するUカットシール材充填工法とタイル部分張替え工法の組み合わせに該当することから、タイル張り仕上げ外壁については、Uカットシール材充填工法が削除されている。〕
　（欠損部改修工法）
　(a)タイル部分張替え工法
　(b)タイル張替え工法
　（浮き部改修工法）
　(a)アンカーピンニング部分エポキシ樹脂注入工法
　(b)アンカーピンニング全面エポキシ樹脂注入工法

(c)アンカーピンニング全面ポリマーセメントスラリー注入工法

(d)注入口付アンカーピンニング部分エポキシ樹脂注入工法

(e)注入口付アンカーピンニング全面エポキシ樹脂注入工法

(f)注入口付アンカーピンニング全面ポリマーセメントスラリー注入工法

(g)注入口付アンカーピンニングエポキシ樹脂注入タイル固定工法

(h)タイル部分張替え工法

(i)タイル張替え工法

（目地改修工法）

(a)目地ひび割れ部改修工法

(b)伸縮調整目地改修工法

　「改修標仕」で標準化された改修工法は、セメントモルタル塗り仕上げ外壁およびタイル張り仕上げ外壁の劣化現象や改修後の要求性能により、選択される。国土交通省大臣官房官庁営繕部監修「建築改修工事監理指針」に準拠すれば、タイル張り仕上げ外壁の改修工法は、**図5.1**に示すフローにしたがって選択される。モルタル塗り仕上げ外壁についても選定フローが提案されている。

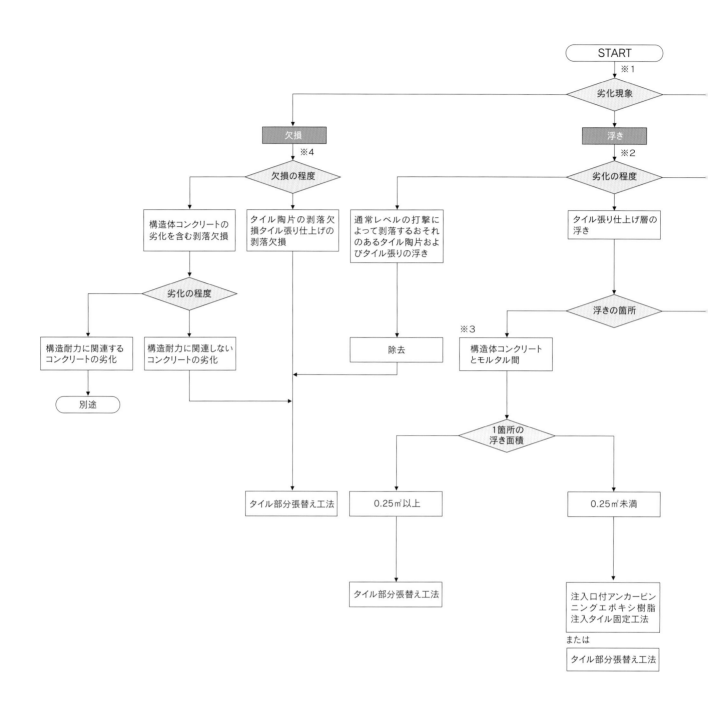

※1 「劣化現象」は、①浮き、又は、はらみの場合、②はがれ、又は、剥落等の欠損がある場合、③構造体のひび割れの有無に関係なくタイル、又は、目地部分にひび割れがある場合に適用する。

※2 「浮き」は、タイル陶片の浮き、タイル張りの浮きを対象とし、構造体コンクリートからの浮きで構造耐力に係わる場合は、別途とする。浮きには、浮きが進行し面外に変形したはらみ、又は、ふくれも含める。どの部分で浮いているか、浮き代はどの位かを見極める。浮き部分でも、通常レベルの打撃力によって容易に剥落する場合は、欠損の扱いで対応する。

※3 「個々の浮き部が隣接している場合」は、1箇所と見なす。

※4 「欠損」は、タイル陶片の欠損、又は、タイル張りの欠損を対象とし、構造体コンクリートからの欠損で構造耐力に係わる場合は別途とする。

※5 「タイル張りのひび割れ」は、①タイル部分に生じるひび割れと、②タイル目地部分に生じるひび割れとに分けて考え、さらに、タイル部分に生じるひび割れは、構造体のコンクリートのひび割れを含む場合と含まない場合とに分ける。ひび割れの発生部分、ひび割れ幅及びひび割れの動きの有無について見極める。浮き、又は、欠損があり、かつ、漏水がある場合は、コンクリート打放し外壁の改修において、ひび割れがあり、かつ、漏水がある場合を適用することになる。

図5.1　タイル張り仕上げ外壁改修工法の選定フロー

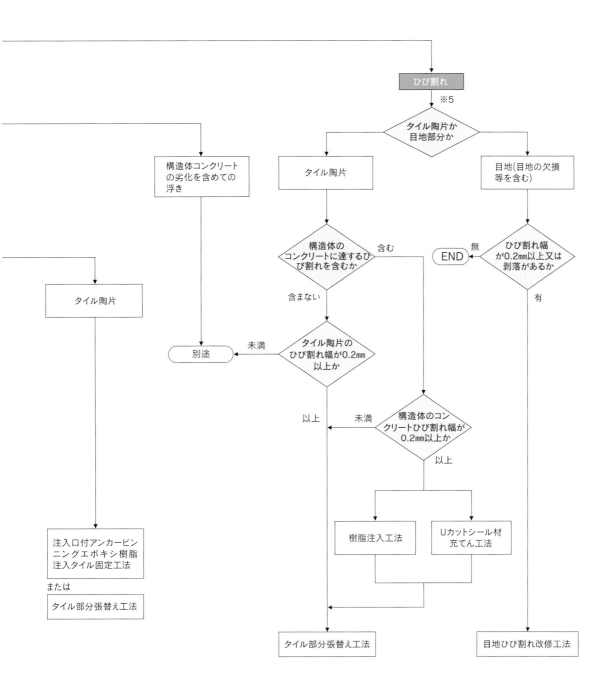

ひび割れ

※5

タイル陶片か
目地部分か

構造体コンクリート
の劣化を含めての
浮き

タイル陶片

目地(目地の欠損
等を含む)

構造体の
コンクリートに達するひ
び割れを含むか

含む

END

無

ひび割れ幅
が0.2mm以上又は
剥落があるか

タイル陶片

含まない

有

別途

未満

タイル陶片の
ひび割れ幅が0.2mm
以上か

以上

未満

構造体のコン
クリートひび割れ幅が
0.2mm以上か

以上

注入口付アンカーピン
ニングエポキシ樹脂
注入タイル固定工法

または

タイル部分張替え工法

樹脂注入工法

Uカットシール材
充てん工法

タイル部分張替え工法

目地ひび割れ改修工法

29

タイル張り仕上げ外壁の改修工事では、**図5.1**にしたがって材料・工法を選択し、「改修標仕」に準拠して工事を実施することが原則である。「改修標仕」に標準化されていない外壁複合改修工法は、特記仕様書を作成して、採用することになる。**図5.1**に示す既存の外壁改修工法に加えて、「何故、外壁複合改修工法が必要であるのか」、「どのような場合に特記する必要があるか」という点について、外壁複合改修工法協議会では以下のように考えている。

①庇先端、ベランダ先端、出隅部、笠木等の剥落危険性が高い部位への適用

　このような部位については既存改修工法を適用する場合であっても、剥落に対する安全性を高める目的で、ステンレスなまし線による引金物、付加的なアンカーボルトによる固着等の対策が講じられている。

　このような部位に対して外壁複合改修工法を適用することにより、剥落防止効果を高めることが可能である。第1章で解説したように、UR都市機構では、セメントモルタル塗り仕上げ外壁やタイル張り仕上げ外壁における庇先端部、ベランダ先端部、出隅部、笠木等の剥落危険性が高い狭小部分へ適用する工法として、「保全工事共通仕様書　平成10年版」に外壁複合補修工法を導入し、その後、「保全工事共通仕様書　平成20年版」において外壁全面に適用した。

　庇先端部へのポリマーセメント系外壁複合改修工法の適用例を**図5.2**に示す。

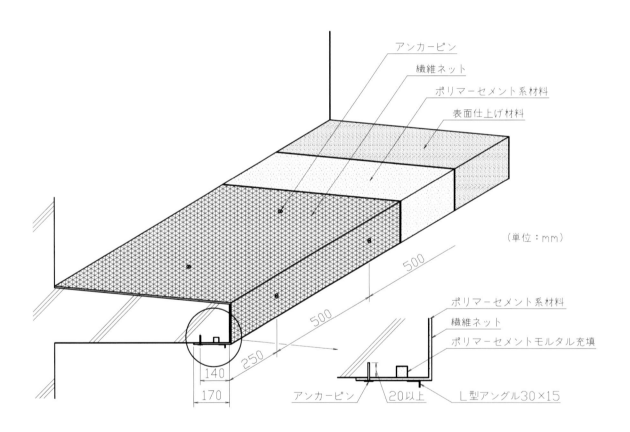

図5.2　庇先端部へのポリマーセメント系外壁複合改修工法の適用例

②長期経年後の外壁全面改修

　「改修標仕」の外壁改修工法は劣化部分に対するひび割れ部改修、浮き部改修、欠損部改修、目地改修である。大規模修繕を1回～2回程度経験して比較的長期間経年した建築物では未改修部分の劣化が比較的短期間に進行することが考えられる。その時に、短い周期で既存の改修工法を適用することは、経済的に有利ではない。

　すなわち、既存の外壁改修では外壁全面を対象に改修工事を実施するとしても、外壁全面の中の劣化部

分（ひび割れ部、浮き部、欠損部、目地等）を対象に改修工法を適用するのみであり、未劣化部分（健全部分）は経過観察することになる。

　一方、外壁複合改修工法は、残存する未劣化部分（健全部分）についても予防保全として適用対象に含めて、外壁全面に対して外壁複合改修工法を適用する。すなわち、外壁全面を対象とした改修であっても、「改修標仕」で標準化された改修工法と外壁複合改修工法では、内容が大きく異なる。剥落に対する安全性を確保し、長期経年劣化後の大規模修繕工事を長周期化し、LCC（ライフサイクルコスト）を低減するために、外壁複合改修工法は有力な工法であると考えている。

③タイル直張り工法によるタイル張り仕上げ外壁の改修

　タイル直張り工法による外壁の浮き部改修に関しては、図5.1に示すような（注入口付）アンカーピンニング部分エポキシ樹脂注入工法等の改修工法をそのまま適用することは難しい。「改修標仕」のタイル張り仕上げ外壁に対する改修工事は、セメントモルタル下地を有するタイル張り仕上げ外壁を対象としている。タイル直張り外壁に（注入口付）アンカーピンニング部分エポキシ樹脂注入工法等をそのまま適用すると、浮きの拡大やエポキシ樹脂の漏出等の問題が生じることが指摘されている。この点に関して、本橋ら[1]、根本ら[2]が、「改修標仕」で標準化された材料・工法に限定した場合の改修工法選定フローとして、図5.3を提案している。すなわち、目地部改修を除外すれば、「タイル部分張替え工法」または「注入口付アンカーピンニングエポキシ樹脂注入タイル固定工法」を選択することとなる。

　例えば、50二丁（45㎜×95㎜）タイルの直張り仕上げ外壁を対象とする場合、対象とするタイル陶片全てに「注入口付アンカーピンニングエポキシ樹脂注入タイル固定工法」を適用すれば、改修コストが嵩むことになる。また、「タイル部分張替え工法」を適用する場合は、周囲のタイル張りに対して状態監視保全が必要となる。

　このような事情を考慮した場合、外壁複合改修工法の適用は合理的な選択肢の一つであると考えられる。

第5章　参考文献

1) 本橋健司他「建築物の長期使用に対応した外装仕上げ・防水層の維持保全手法の開発：その4 外装タイル直張り仕上げの浮き改修工法選定フローの提案」、日本建築学会大会学術講演梗概集（材料施工）、pp.273-274（2011）
2) 根本かおり他「建築物の長期使用に対応した外装仕上げ・防水層の維持保全手法の開発：その5 外装タイル直張り仕上げのひび割れおよび欠損改修工法選定フローの提案」、日本建築学会大会学術講演梗概集（材料施工）、pp.275-276（2011）

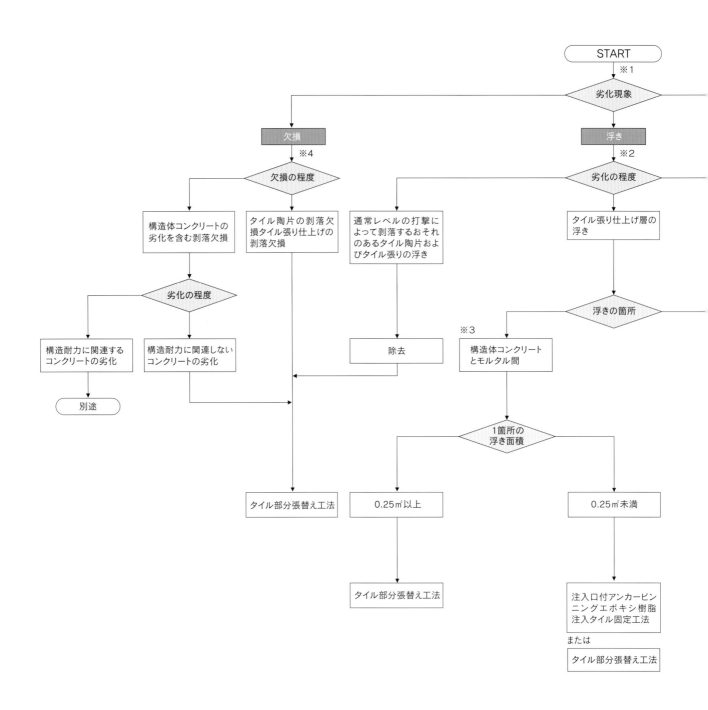

※1 「劣化現象」は、①浮き、又は、はらみの場合、②はがれ、又は、剥落等の欠損がある場合、③構造体のひび割れの有無に関係なくタイル、又は、目地部分にひび割れがある場合に適用する。
※2 「浮き」は、タイル陶片の浮き、タイル張りの浮きを対象とし、構造体コンクリートからの浮きで構造耐力に係わる場合は、別途とする。浮きには、浮きが進行し面外に変形したはらみ、又は、ふくれも含める。どの部分で浮いているか、浮き代はどの位かを見極める。浮き部分でも、通常レベルの打撃力によって容易に剥落する場合は、欠損の扱いで対応する。
※3 「個々の浮き部が隣接している場合」は、1箇所と見なす。
※4 「欠損」は、タイル陶片の欠損、又は、タイル張りの欠損を対象とし、構造体コンクリートからの欠損で構造耐力に係わる場合は別途とする。
※5 「タイル張りのひび割れ」は、①タイル部分に生じるひび割れと、②タイル目地部分に生じるひび割れとに分けて考え、さらに、タイル部分に生じるひび割れは、構造体のコンクリートのひび割れを含む場合と含まない場合とに分ける。ひび割れの発生部分、ひび割れ幅及びひび割れの動きの有無について見極める。浮き、又は、欠損があり、かつ、漏水がある場合は、コンクリート打放し外壁の改修において、ひび割れがあり、かつ、漏水がある場合を適用することになる。

図5.3 タイル張り仕上げ外壁（直張り工法）の改修工法の選定フロー

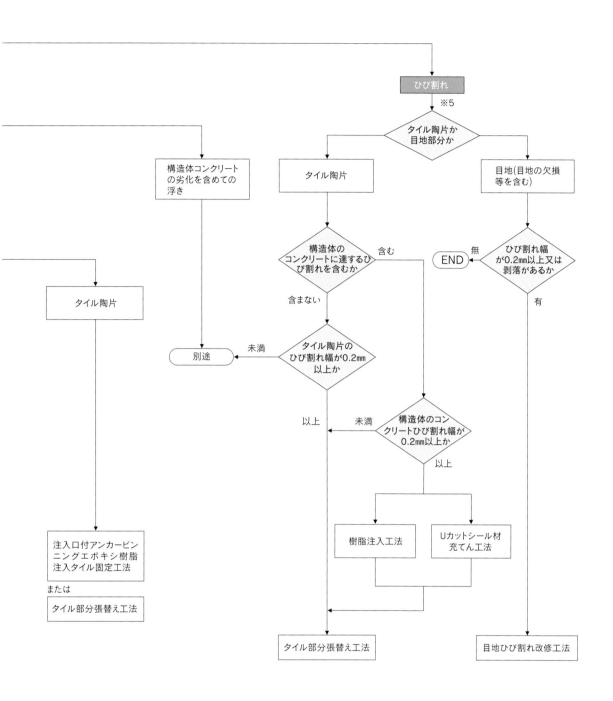

構造体コンクリート
の劣化を含めての
浮き

ひび割れ
※5

タイル陶片か
目地部分か

タイル陶片

目地(目地の欠損
等を含む)

タイル陶片

構造体の
コンクリートに達するひ
び割れを含むか

含む

END

無

ひび割れ幅
が0.2mm以上又は
剥落があるか

有

含まない

注入口付アンカーピン
ニングエポキシ樹脂
注入タイル固定工法

または

タイル部分張替え工法

別途

未満

タイル陶片の
ひび割れ幅が0.2mm
以上か

未満

構造体のコン
クリートひび割れ幅が
0.2mm以上か

以上

以上

樹脂注入工法

Uカットシール材
充てん工法

タイル部分張替え工法

目地ひび割れ改修工法

付属資料-1 外壁複合改修工法の性能基準

1. 適用範囲

本基準は外壁複合改修工法の性能について規定する。

2. 性能

表1に示す性能基準に適合すること。

表1 外壁複合改修工法の性能基準

No.	項　目	基　準
1	アンカーピンの材質、種類および形状	4.に規定するとおり
2	アンカーピンのせん断強度	3,000N/本以上
3	コンクリート躯体のアンカーピン引抜き荷重	1,500N/本以上
4	外壁複合改修層のアンカーピン引抜き荷重	1,500N/本以上
5	注入口付アンカーピンの漏れ性能[*]	漏れのないこと
6	外壁複合改修層の接着強度	0.4N/mm²以上
7	温冷繰り返し後の接着強度	0.4N/mm²以上
8	外壁複合改修層の面外曲げ性能	曲げ強度が490Nもしくは変位が30mmで破断しないこと
9	外壁複合改修層の耐候性[**]	JIS A6909に規定する耐候形1種、2種、3種のいずれかに該当すること

[*] 注入口付アンカーピンを使用する外壁複合改修工法に適用する。
[**] 透明樹脂系外壁複合改修工法および不透明樹脂系外壁改修工法に適用する。

3. 試験室の状態

試験室の状態は、特に指定の無い限り、標準状態とする。ここでいう標準状態とは、JIS K 7100の「5. 標準雰囲気の級別」に規定する標準雰囲気2級、温度23±2℃、湿度50±10%をいう。

4. アンカーピンの材質、種類および形状

①アンカーピンは拡張部を有するステンレス鋼（JIS G 4305、JIS G 4309およびJIS G 4315に規定されるSUS304またはSUSXM7）の中空円筒状のアンカーピンで、呼び径は外径4.5～6.0mmで、長さ50mmを標準とする。

②アンカーピンの種類および形状を表2に示す。

表2　外壁複合改修工法におけるアンカーピンの種類と形状

被覆材料		注入口付アンカーピン	金属拡張アンカーピン
ポリマーセメント系 不透明樹脂系	座金あり		
透明樹脂系	座金なし		

③アンカーピンは、均質で、油脂分や汚れなど接着に有害と認められる異物の付着があってはならない。

④アンカーピンは、穿孔部に挿入の後、専用の打込み工具で容易に開脚し、躯体に固着できるものでなければならない。

5.アンカーピンのせん断強度

①アンカーピンの本数は5本とする。

②引張試験機に**図1**に示すようなせん断治具を取り付け、変位速度3㎜/minでせん断荷重を加える。

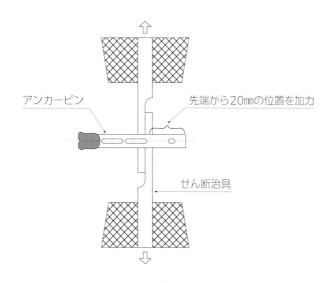

アンカーピン　　先端から20㎜の位置を加力

せん断治具

図1　アンカーピンのせん断試験

③せん断位置はアンカーピンの先端から20mmとする。

④試験に供した5本のアンカーピンの最大せん断荷重が、何れも3,000N/本以上の場合を合格とする。

6. コンクリート躯体のアンカーピン引抜き荷重

①試験用基板は、JIS A 5371（プレキャスト無筋コンクリート製品）の附属書B推奨仕様B-1に規定する普通平板（300mm×300mm×60mm）とする。

②振動ドリル等を用いて基板に穿孔し、アンカーピンを所定の施工手順で深さ20mm以上打ち込む。

③アンカーピン頭部に引張試験用治具を取り付け、日本建築仕上学会認定油圧式引張試験器等を用いて**図2**に示す要領でアンカーピンの引抜き試験を行う。

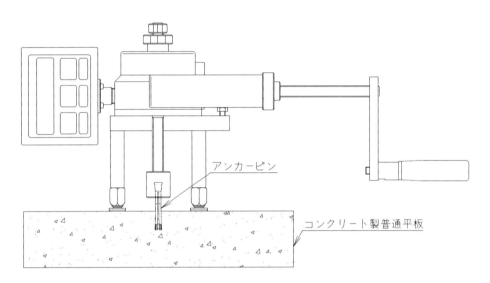

アンカーピン

コンクリート製普通平板

図2　コンクリートに対するアンカーピンの引抜き試験

④試験は5本のアンカーピンについて実施し、その平均値を求める。平均値が1,500N/本以上の場合を合格とする。

7. 外壁複合改修層のアンカーピン引抜き荷重

①JIS R 5201（セメントの物理試験方法）の11.5（供試体の作り方）に規定する方法に準じて作製したモルタル板（300mm×300mm×25mm）を試験用基板とする。試験用基板に外壁複合改修工法の標準工程に準じてプライマー、塗材、繊維ネットを施工し、標準条件（23±2℃）で1週間以上養生したものを試験体とする。

②振動ドリル等を用いて試験体に穿孔し、アンカーピン打設用の下穴を設ける。アンカーピンを外壁複合改修層側から挿入し、アンカーピン脚部に引張試験用治具を取り付け、日本建築仕上学会認定油圧式引張試験器等を用いて**図3**に示す要領でアンカーピンの引抜き試験を行う。

なお、試験体と試験器の間には、寸法200mm×200mm程度、厚さ10mm程度、中心に直径100mm以上の穴のあいた金属板を挟むものとする。

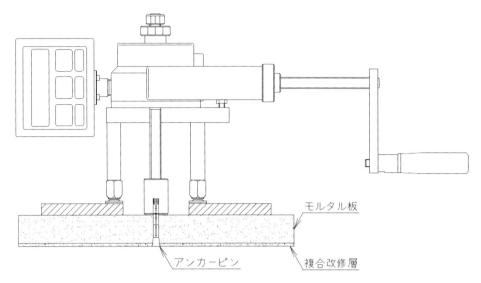

図3　複合改修層に対するアンカーピンの引抜き試験

③試験は5本のアンカーピンについて実施し、その平均値を求める。平均値が1,500N/本以上の場合を合格とする。

8.注入口付アンカーピンの漏れ性能

①本試験は注入口付アンカーピンを用いてエポキシ樹脂を注入する外壁複合改修工法に適用する。

②試験用下地板は、300㎜×300㎜×100㎜（厚さ）のモルタル板とする。表面は金ゴテ仕上げとする。

③モルタルの調合は、質量比でセメント1、砂3、水セメント比0.50とし、材齢4週以上経過したものを用いる。

④注入口付アンカーピンの本数は9本とし、試験用下地板1体につき9本施工する。

⑤ドリルは注入口付アンカーピン製造所が指定する径のダイヤモンドビットを装着した無振動ドリルを用いて注入口付アンカーピン製造所が指定する深さの孔を穿孔する。穿孔は、モルタル面に対して直角に行う。穿孔後の孔内は適切に清掃する。

⑥ドリルビット径はノギスを用いて測定し、注入口付アンカーピン製造所の仕様に適合していることを確認する。

⑦注入口付アンカーピンを孔に挿入して、頭部をハンマーで軽く叩いてモルタルの面まで打込んだ後、専用の打込み工具で先端開脚部を拡張し、注入口付アンカーピンを固着する。

⑧図4に示すように手動式注入器の先端に、20MPa以上測定可能なブルドン管式圧力計を装着し、注入口付アンカーピン製造所が指定する専用ノズルを用いてエポキシ樹脂を注入する。

⑨8MPaの圧力を保ったまま5秒間加圧し続け、注入口付アンカーピンとモルタルの接点から注入樹脂の漏れがないことを目視で確認し、樹脂が漏れた場合はその圧力を計測する。なお、圧力が保持できていれば樹脂の少量の滲みだしは漏れのないこととする。

⑩試験に供した9本の注入口付アンカーピンが、全て漏れのない場合を合格とする。

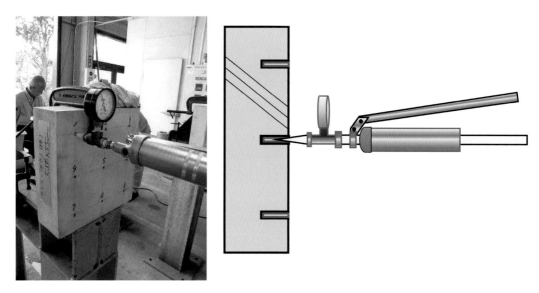

図4　漏れ性能試験

9.外壁複合改修層の接着強度

①JIS R 5201（セメントの物理試験方法）の11.5（供試体の作り方）に規定する方法に準じて作製したモルタル板（300㎜×300㎜×50㎜）を試験用基板とする。試験用基板に、外装用仕上げ材（**表3**に示すもののうち対象とするもの）を標準工程に準じて施工し、試験下地とする。試験下地に外壁複合改修工法の標準工程に準じてプライマー、塗材、繊維ネットを施工し、標準条件（23±2℃）で1週間以上養生したものを試験体とする。

表3　試験に適用する外装用仕上げ材の種類及び規格

種　類	規　格
モルタル	JIS R 5201　セメントの物理試験方法
セラミックタイル	JIS A 5209　セラミックタイル
外装薄塗材E	JIS A 6909　建築用仕上塗材
複層塗材E	
防水形外装薄塗材E	
マスチック塗材	公共住宅建設工事共通仕様書
外壁用塗膜防水材	JIS A 6021　建築用塗膜防水材

②**図5**に示す要領で40㎜×40㎜の鋼製アタッチメントを2成分形エポキシ樹脂接着剤を用いて試験体に取り付ける。接着剤が硬化した後、アタッチメント周囲に基板に達する切込みを入れて、日本建築仕上学会認定油圧式引張試験器等を用いて接着強度を測定するとともに、状態を目視で確認する。

③試験は試験体の中央部で3ヶ所、試験体端部（縁から10㎜程度離れた位置）で3ヶ所実施し、6ヶ所の平均値を求める。

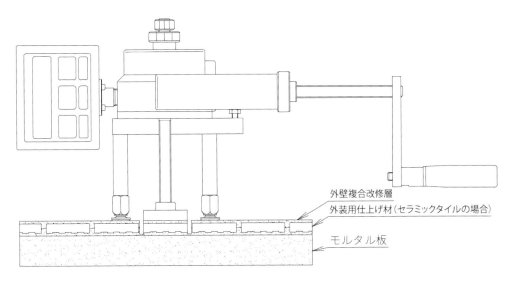

図5　外壁複合改修層の接着強度試験

④6ヶ所の平均値が0.4N/㎟以上の場合を合格とする。

10.温冷繰り返し後の接着強度

①JIS R 5201（セメントの物理試験方法）の11.5（供試体の作り方）に規定する方法に準じて作製したモルタル板（300㎜×300㎜×50㎜）を試験用基板とする。試験用基板に、外装用仕上げ材（**表3**に示すもののうち対象とするもの）を標準工程に準じて施工し、試験下地とする。試験下地に外壁複合改修工法の標準工程に準じてプライマー、塗材、繊維ネットを施工し、標準条件（23±2℃）で1週間以上養生する。その後、室温の水に16時間浸漬して80℃の乾燥機中で8時間乾燥する処理を1サイクルとして、これを10サイクル実施したものを試験体とする。

②**図5**に示す要領で40㎜×40㎜の鋼製アタッチメントを2成分形エポキシ樹脂接着剤を用いて試験体に取り付ける。接着剤が硬化した後、アタッチメント周囲に基板に達する切込みを入れて、日本建築仕上学会認定油圧式引張試験器等を用いて接着強度を測定するとともに、状態を目視で確認する。

③試験は試験体の中央部で3ヶ所、試験体端部（縁から10㎜程度離れた位置）で3ヶ所実施し、6ヶ所の平均値を求める。

④6ヶ所の平均値が0.4N/㎟以上の場合を合格とする。

11.外壁複合改修層の面外曲げ性能

①JIS R 5201（セメントの物理試験方法）の11.5（供試体の作り方）に規定する方法に準じて作製したモルタル板（100㎜×600㎜×30㎜）を試験用基板とする。試験用基板を1週間以上養生した後、長手方向の中心部に載荷して2分割する。この際、破断面を必要以上傷めないよう注意する。その破断面をつき合わせ密着させた状態で保持する。型枠面部の上に外壁複合改修工法の標準工程に準じてプライマー、塗材、繊維ネットを施工し標準条件（23±2℃）で1週間以上養生したものを試験体とする。

②**図6**に示す要領で載荷速度5㎜/minにて載荷する。荷重が490Nに達するまで、若しくは変位が30㎜に達するまで載荷する。なお変位は、**図7**に示すように、載荷前の位置を基点としモルタル突合せ面の上端（または下端）の鉛直方向の移動量とする。

③試験は3体の試験体について実施し、3体の試験体すべてが490Nの荷重で破断しない場合、または3体の試験体すべてが変位30㎜で破断しない場合を合格とする。

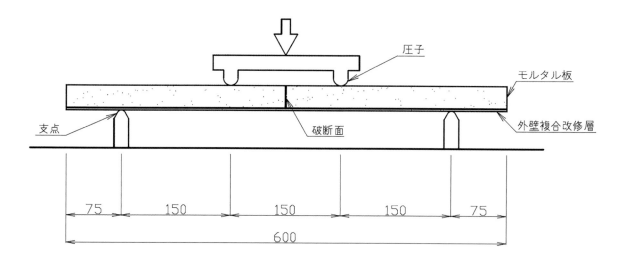

図6　面外曲げ性能試験

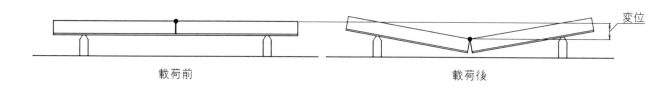

図7　変位量の測定（モルタル板突合せ面上端で測定する場合）

12. 外壁複合改修層の耐候性区分

① 本試験は、JIS A 6909（建築用仕上塗材）の7.19耐候性試験B法を参考にした試験であり、透明樹脂系外壁複合改修工法および不透明樹脂系外壁複合改修工法の耐候性区分を判定するために実施する。

② JIS A 5430（繊維強化セメント板）に規定する厚さ4mmのフレキシブル板又は相当品を、150×50mmに切断したものを試験用基板とする。試験用基板に透明樹脂系外壁複合改修工法の標準工程に準じてプライマー、透明樹脂、透明保護塗料を施工する。または、不透明樹脂系外壁複合改修工法の標準工程に準じてプライマー、不透明樹脂、保護塗料を施工する。施工後に標準条件（23±2℃）で1週間以上養生したものを試験体とする。試験体は3体作製する。

　なお、試験体の4側面及び裏面は、養生期間の終了3日前にエポキシ樹脂等で塗り包むものとする。

③ 試験体3体のうち1個を基準の試験体とする。残りの試験体について促進耐候性試験を実施する。促進耐候性試験はJIS K5600-7-7（塗膜の長期耐久性-第7節：促進耐候性及び促進耐光性（キセノンランプ法））に規定するキセノンランプ法の方法1、サイクルAにより行う。乾燥期間中の相対湿度は（50±5）%とする。試験時間は、600時間（耐候形3種）、1200時間（耐候形2種）、2500時間（耐候形1種）のうちのいずれかとする。

④ 規定時間の促進耐候性試験を実施した後、グレースケールによる変色の程度（不透明樹脂系外壁複合改修工法のみに適用）、表面のひび割れ、剥がれおよび膨れの有無を目視で観察する。また、白亜化の等級（不透明樹脂系外壁複合改修工法のみに適用）および60度鏡面光沢の保持率を測定する。

⑤ 目視による観察、白亜化、光沢保持率の結果から、表4に基づき耐候形区分（耐候形1種、耐候形2種、耐候形3種）を判定する。

表4 透明樹脂系外壁複合改修工法および不透明樹脂系外壁複合改修工法の耐候形区分

区分		
耐候形 1種	耐候形 2種	耐候形 3種
照射時間2500時間で、試験体表面にひび割れ、剥がれ及び膨れがなく、光沢保持率は80％以上であること。なお、不透明の保護塗料については、変色の程度がグレースケール3号以上であり、白亜化の等級は1以下であること。	照射時間1200時間で、試験体表面にひび割れ、剥がれ及び膨れがなく、光沢保持率は80％以上であること。なお、不透明の保護塗料については、変色の程度がグレースケール3号以上であり、白亜化の等級は1以下であること。	照射時間600時間で、試験体表面にひび割れ、剥がれ及び膨れがなく、光沢保持率は80％以上であること。なお、不透明の保護塗料については、変色の程度がグレースケール3号以上であり、白亜化の等級は1以下であること。

付属資料－2　アンカーピン引抜き試験

コンクリート躯体のアンカーピン引抜き荷重を確認するため、アンカーピンの引抜き試験を実施する。

①試験概要

アンカーピンを所定の施工手順でコンクリート躯体に対して埋め込み深さ20mm以上かつ製品毎に規定された深さを満足する位置まで打ち込んだ後、アンカーピン頭部にアタッチメントを取り付け、日本建築仕上学会認定油圧式簡易引張試験器を用いて引抜き荷重を測定する。

なお、試験に用いるアンカーピンは試験用に頭部が加工されたもの（**図1**）、試験用治具を取り付けることが出来るよう加工されたもの（**図2**）があり、それらは製造所の指定によるものを使用する。

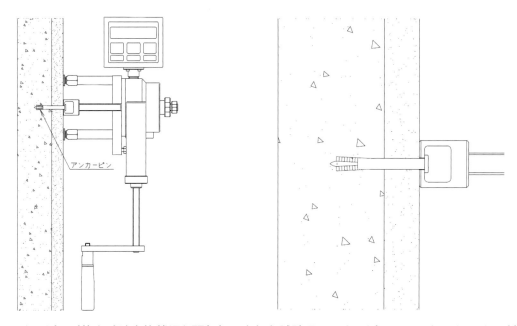

図1　アンカーピン引抜き試験実施状況と頭部加工された試験用アンカーピンへのアタッチメント取付け状況

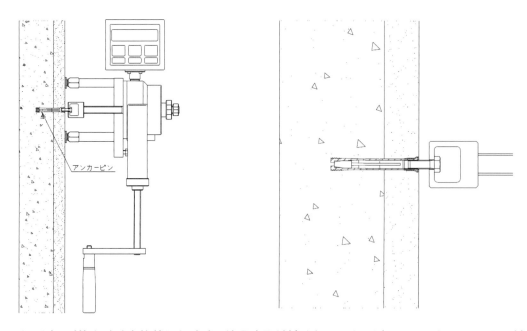

図2　アンカーピン引抜き試験実施状況と試験用治具を取り付けたアンカーピンへのアタッチメント取付け状況

②試験箇所の数と位置

　試験箇所数は3箇所以上、かつ300㎡及びその端数につき1箇所以上とし、位置は施工面全体の代表となるような箇所より無作為に、かつ落下により歩行者等に危害をくわえるおそれがある外壁面より選択する。

③測定

　1,500N まで荷重をかけてアンカーピンが抜けないことを確認する。

付属資料－3　仕上げ層のコア抜き試験

仕上げ層の層構成や厚さを把握するため、コア抜き試験を実施する。

①試験概要

18㎜〜50㎜φ程度にてコンクリート躯体に達するまでコア抜きを実施する。抜き取ったコアの仕上げ材表面からコンクリート躯体までの仕上げ層の厚さを測定する。

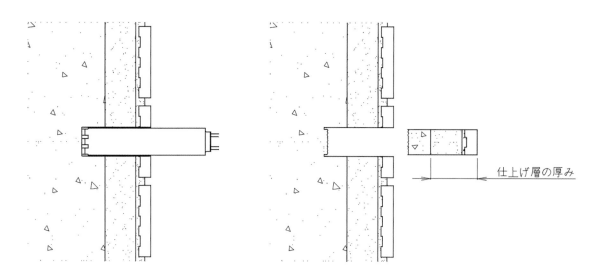

図1　コンクリートコア抜き試験実施状況と仕上げ層厚さの測定

②試験箇所の数と位置

試験箇所数は改修対象となる建物の各施工面3階毎に1箇所以上とする。位置については各施工面全体の代表となるような箇所を無作為に選択する。

③測定

抜き取ったコアの仕上げ材表面からコンクリート躯体までの仕上げ層の厚さを測定する。

付属資料－4　複合改修層の接着強度試験

複合改修層の下地への接着強度を確認するため、接着強度試験を実施する。

①試験概要

製造所の標準工程に従い養生後、40mm×40mmの鋼製治具をエポキシ樹系接着剤等にて取り付ける。接着剤硬化後、治具周辺に下地まで達する切込みを入れ日本建築仕上学会認定油圧式簡易引張試験器等を用いて接着強度を測定する。

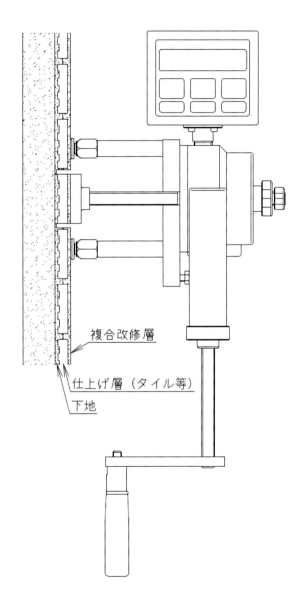

複合改修層

仕上げ層（タイル等）

下地

図1　複合改修層の接着強度試験

②試験体の数と位置

試験箇所は3箇所以上、かつ300㎡及びその端数につき1箇所以上とし、施工面全体の代表となるような箇所を無作為に選択する。

③測定

接着強度0.4N/㎜㎡以上が得られていることを確認する。

付属資料－5　外壁複合改修工法における繊維ネットの参考納まり図

①　一般部の納まり図	【単位：mm】

(a)繊維ネットの位置

■鉛直方向の繊維ネットの重ね合わせ部　　　■水平方向の繊維ネットの重ね合わせ部

繊維ネットの重ね合わせ幅は、50mm以上とする。

(b)アンカーピンの位置

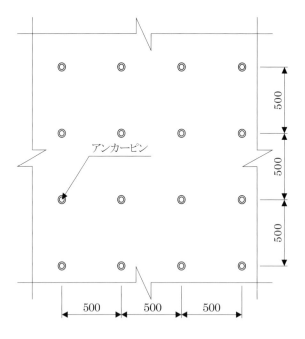

一般部のアンカーピンの穿孔位置は500mm間隔とし、4本/㎡を標準とする。

※注意事項
　(1)繊維ネットの端末部から所定の間隔でアンカーピンの穿孔位置を決定する。
　(2)アンカーピンの位置は、4本/㎡を基準とし、縦横のピッチは500mmに限定しない。
　　　ただし、縦横のピッチは1,000mmを超えない。
　(3)アンカーピンの位置は、繊維ネット重ね位置に限定しない。

②-1　庇（W350㎜未満）・鼻先の納まり図　　　　　　【単位：mm】

⒜繊維ネットの位置

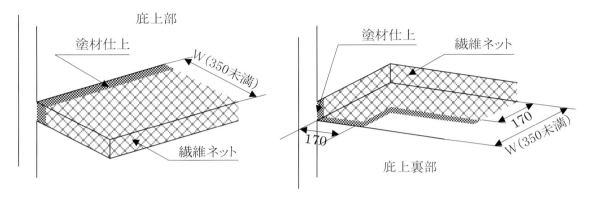

庇上裏への繊維ネットの巻き込み幅は、170㎜とする。

⒝アンカーピンの位置

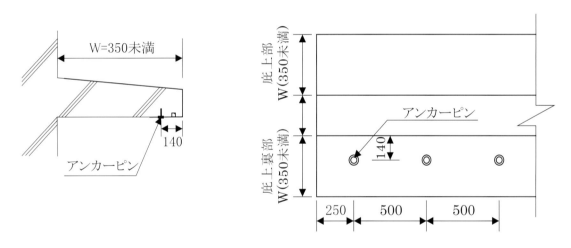

庇上裏部のアンカーピンの穿孔位置は500㎜間隔とし、2本/mを標準とする。

※注意事項
　⑴水切り部は、Ａ・Ｂタイプともポリマーセメントモルタルで成形し、アルミアングルを取り付ける。
　　（成形費用およびアングル費用は別途。L型アングルのサイズは30×15㎜程度とする。）

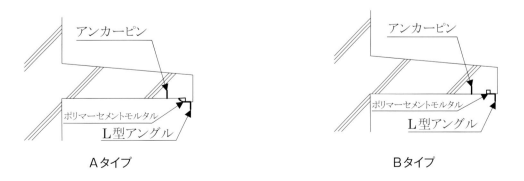

②-2　庇（W350㎜以上）・鼻先の納まり図　【単位：mm】

(a)繊維ネットの位置

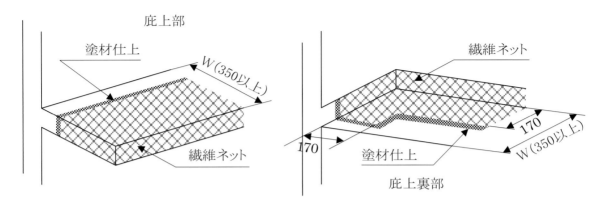

庇上裏への繊維ネットの巻き込み幅は、170㎜とする。

(b)アンカーピンの位置

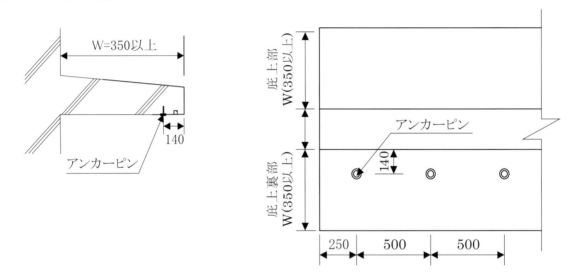

庇上裏部のアンカーピンの穿孔位置は500㎜間隔とし、2本/mを標準とする。

※注意事項
(1)水切り部は、A・Bタイプともポリマーセメントモルタルで成形し、アルミアングルを取り付ける。
　（成形費用およびアングル費用は別途。L型アングルのサイズは30×15㎜程度とする。）

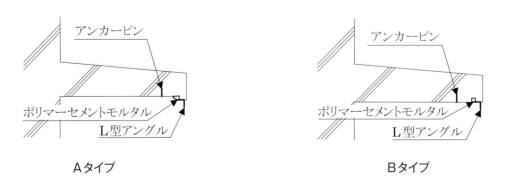

Aタイプ　　　　　　　　　　　　　　　　Bタイプ

③ パラペットの納まり図　　　　　　　　　　　　　　　　　　　　　　【単位：mm】

⒜繊維ネットの位置

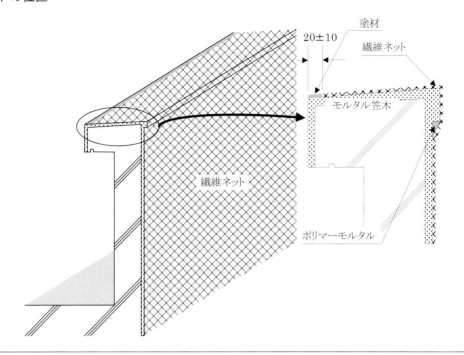

⒝アンカーピンの位置

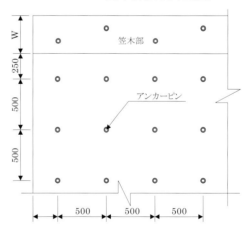

笠木（W500mm以下）　　　　　　　　　　　　　　　　　笠木幅（W500mm超）

※注意事項
⑴パラペットの立上りとモルタル笠木の段差は、ポリマーセメントモルタルにて段差修正する。
　（費用別途）
⑵アンカーピンの位置は、4本/㎡を基準とし、縦横のピッチは500mmに限定しない。
　ただし、縦横のピッチは1,000mmを超えない。
　アンカーピンの位置は、繊維ネット重ね位置に限定しない。
　屋上モルタル笠木の天端部のアンカーピンの位置は、6本/㎡を基準とし、ピッチは500mmに限定しない。
　ただし、縦横のピッチは1,000mmを超えない。
　モルタル笠木に防水層がある場合、ピンネット工法の適用について別途協議する。

④ 手摺壁の納まり図　　【単位：㎜】

⒜繊維ネットの位置

■手摺の天端に防水層がない場合

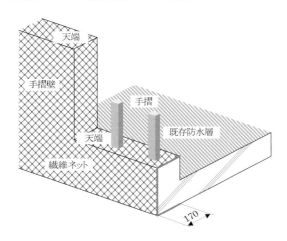

手摺の天端まで繊維ネットを張付ける。

■手摺の天端に防水層がある場合

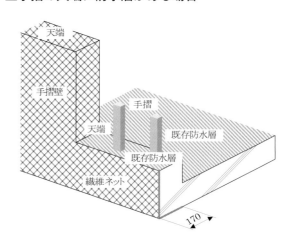

立上り部分まで繊維ネットを張付ける。

上裏への繊維ネットの巻き込み幅は、170㎜とする。

⒝アンカーピンの位置

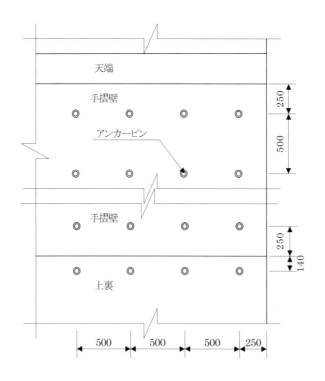

※注意事項

⑴天端に防水層がある場合、天端部分にピンネット工法を適用しない。

アンカーピンの位置は、4本/㎡を基準とし、縦横のピッチは500㎜に限定しない。

ただし、縦横のピッチは1,000㎜を超えない。

アンカーピンの位置は、繊維ネット重ね位置に限定しない。

上裏部の仕様は、庇部の仕様を参照する。

⒜繊維ネットの位置

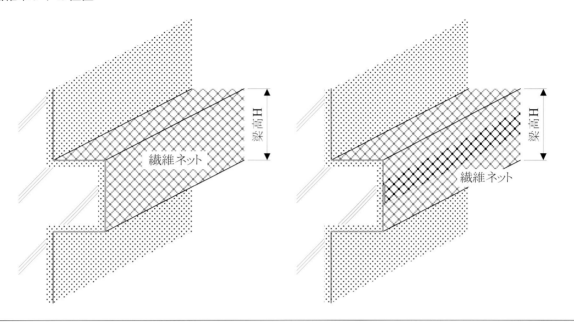

⒝アンカーピンの位置

■梁高 H=500mm未満

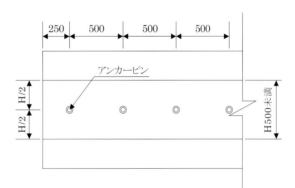

■梁高 H=500mm以上

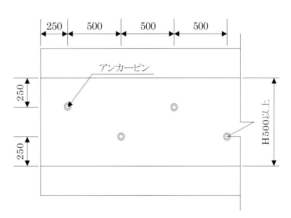

※注意事項

　⑴アンカーピンの位置は、4本/㎡を基準とし、縦横のピッチは500mmに限定しない。
　　ただし、縦横のピッチは1,000mmを超えない。
　　アンカーピンの位置は、繊維ネット重ね位置に限定しない。

⑤-2　柱の納まり図　　　　　　　　　　　　　　　　　　　　【単位：mm】

(a)繊維ネットの位置

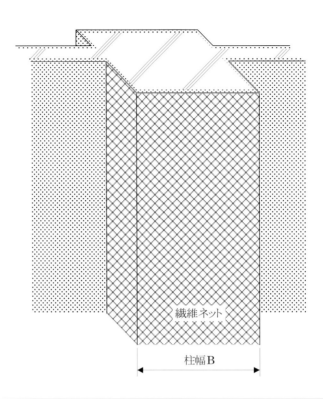

繊維ネット

柱幅B

(b)アンカーピンの位置

■柱幅 B＝500mm未満

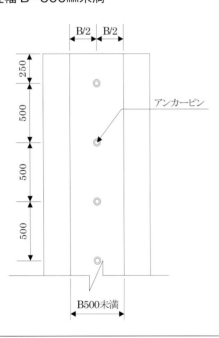

B/2　B/2

250

500

500

500

アンカーピン

B500未満

■柱幅 B＝500mm以上

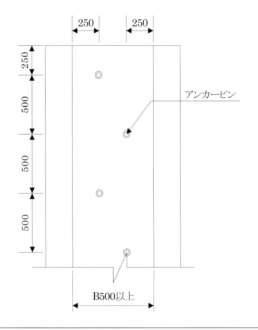

250　　250

250

500

500

500

アンカーピン

B500以上

※注意事項

(1)アンカーピンの位置は、4本/㎡を基準とし、縦横のピッチは500mmに限定しない。
　　ただし、縦横のピッチは1,000mmを超えない。
　　アンカーピンの位置は、繊維ネット重ね位置に限定しない。

(a)繊維ネットの位置

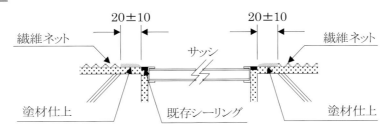

■建具枠との間隔 D ≦ 100　　　　　　　　　■建具枠との間隔 D＞100

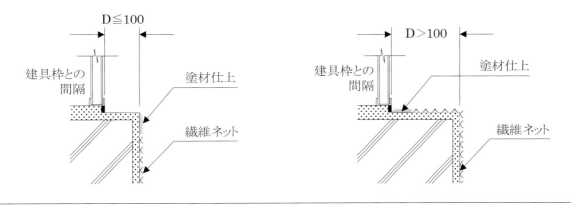

(b)アンカーピンの位置

■開口部の展開 D＞250

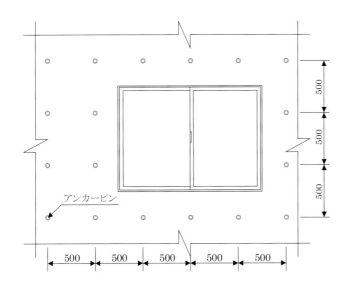
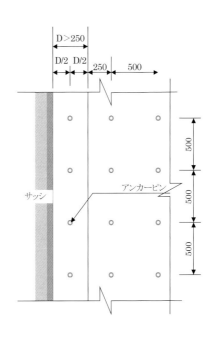

※注意事項
　⑴アンカーピンの位置は、4本/㎡を基準とし、縦横のピッチは500㎜に限定しない。
　　ただし、縦横のピッチは1,000㎜を超えない。
　　アンカーピンの位置は、繊維ネット重ね位置に限定しない。
　　「D」が100㎜以下の場合は、塗材のみの施工とし、繊維ネットを施工しない。
　　サッシ廻りのシーリング目地から20±10㎜の範囲は、塗材のみの施工とし、繊維ネットを施工しない。
　注 「D」:開口部廻り納の見付け寸法

(a)繊維ネットの位置

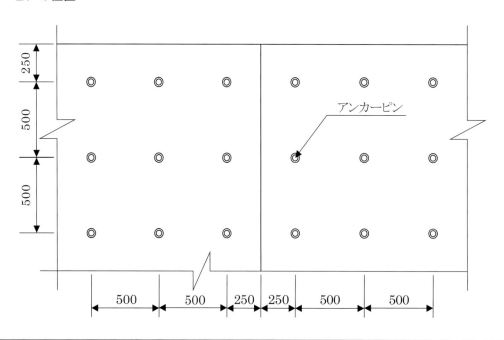

(b)アンカーピンの位置

※注意事項

（1）出隅部分は巻き込みを原則とし、入隅部分はつきつけを可とする。

　　アンカーピンの位置は、4本/㎡を基準とし、縦横のピッチは500mmに限定しない。

　　ただし、縦横のピッチは1,000mmを超えない。

　　アンカーピンの位置は、繊維ネット重ね位置に限定しない。

(a)繊維ネットの位置

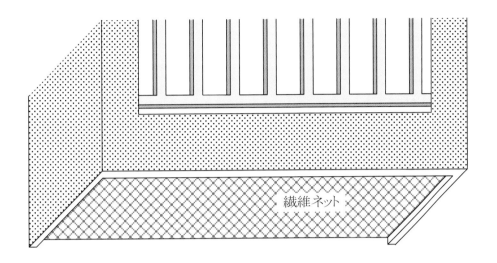

繊維ネット

(b)アンカーピンの位置

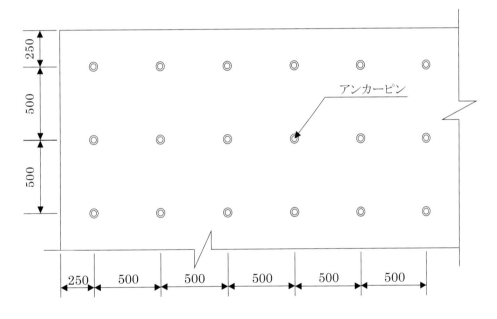

アンカーピン

250
500
500

250　500　500　500　500　500

※注意事項

(1)アンカーピンの位置は、4本/㎡を基準とし、縦横のピッチは500mmに限定しない。
　　ただし、縦横のピッチは1,000mmを超えない。
　　アンカーピンの位置は、繊維ネット重ね位置に限定しない。
　　バルコニーの防水施工が問題ないことを確認する。
　　欠損部や鉄筋露出部などの部分補修箇所のみには、ピンネット工法を適用しない。
　　不透明樹脂系は防水性能が高いため、上裏での施工は適応外とする

⑨ 伸縮目地の納まり図 【単位：mm】

(a)繊維ネットの位置

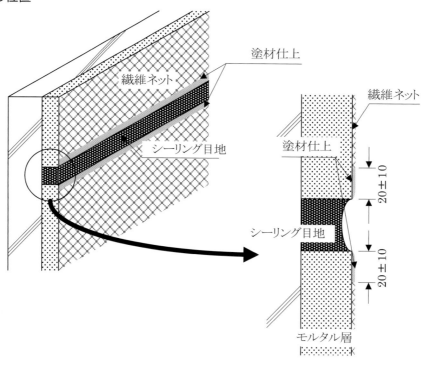

(b)アンカーピンの位置

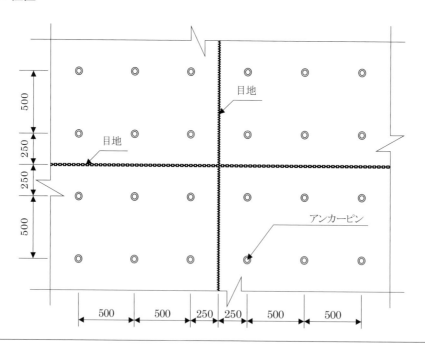

※注意事項

(1)繊維ネットは目地から20±10mm以内まで張付け、端部は塗材仕上で処理する。

アンカーピンの位置は、4本/㎡を基準とし、縦横のピッチは500mmに限定しない。

ただし、縦横のピッチは1,000mmを超えない。

アンカーピンの位置は、繊維ネット重ね位置に限定しない。

新たに目地を設置する場合は、現場特記仕様書または、建築改修工事監理指針令和元年版（上巻）の（タイル張替工法）に準拠する。

付属資料－6　各種外壁複合改修工法の概要および施工事例

外壁複合改修工法協議会会員の外壁複合改修工法を分類ごとに**表1**に示す。

表1　外壁複合改修工法分類

ポリマーセメント系外壁複合改修工法

工法名			ボンドカーボピンネット工法	コンスネット工法
			コニシ株式会社	株式会社コンステック
材料	アンカーピン	材質はステンレス鋼(SUS304)、又は同等以上の防錆性能を有するものとする。拡張式アンカーピンを使用する。	SUS304、SUSXM7	SUS304、SUSXM7
	プライマー	材料製造業者の指定するもの	変成シリコーン・エポキシ樹脂	水系エポキシ樹脂
	繊維ネット	材料製造業者の指定するもの	ビニロン3軸	ビニロン　2軸
	ポリマーセメント系材料	材料製造業者の指定するもの	EVA系ポリマーセメント	カチオンEVA系

透明樹脂系外壁複合改修工法

工法名			ボンドアクアバインド工法	エバーガードSG-3工法
			コニシ株式会社	機能性外壁改修工業会 株式会社ダイフレックス
材料	アンカーピン	材質はステンレス鋼(SUS304)、又は同等以上の防錆性能を有するものとする。拡張式アンカーピンを使用する。	SUS304、SUSXM7	SUS304
	プライマー	材料製造業者の指定するもの	ウレタン樹脂	アクリルシリコン樹脂
	繊維ネット	―	なし	なし
	透明樹脂または短繊維混入透明樹脂	水性又は溶剤型樹脂	ウレタン樹脂	ウレタン樹脂
	透明保護塗料	JIS A 6909 耐候形1種、2種、3種　該当	ウレタン樹脂	アクリルシリコン樹脂

不透明樹脂系外壁複合改修工法

工法名			リアネットE工法	エフ・ネットRE工法
			株式会社コンステック	機能性外壁改修工業会 株式会社ダイフレックス
材料	アンカーピン	材質はステンレス鋼(SUS304)、又は同等以上の防錆性能を有するものとする。拡張式アンカーピンを使用する。	SUS304、SUSXM7	SUS304
	プライマー	材料製造業者の指定するもの	水系エポキシ樹脂	水系エポキシ樹脂
	繊維ネット	―	ポリプロピレン　2軸	ポリプロピレン　2軸
	不透明樹脂または短繊維混入不透明樹脂	水性又は溶剤型樹脂	水系アクリルゴム	水系エポキシ樹脂
	保護塗料	JIS A 6909 耐候形1種、2種、3種　該当	水系アクリルウレタン等	各種仕上げ材

GNSピンネット工法	エフ・ネットタイル工法	ネットバリヤー工法M2	ネットバリヤー工法P1
全国ビルリフォーム 工事業協同組合	機能性外壁改修工業会 株式会社ダイフレックス	株式会社リノテック	株式会社リノテック
SUS304	SUS304	SUS304、SUSXM7	SUS304、SUSXM7
エチレン酢酸ビニル（EVA） エマルション	不要	必要に応じて 下地吸水調整材塗布	必要に応じて 下地吸水調整材塗布
ビニロン3軸	ポリプロピレン3軸	アラミド・ビニロン2軸 ＋PP立体繊維	アラミド・ビニロン2軸
アクリル系 ポリマーセメントモルタル	アクリル系	カチオン性SBR系 エマルション	繊維混入カチオン性 再乳化形アクリルエマルション

JKセライダー工法	JKセライダーU工法	JKクリアファイバーW工法
日本樹脂施工協同組合	日本樹脂施工協同組合	日本樹脂施工協同組合
SUS304	SUS304	SUS304
アクリルシリコン樹脂	アクリルシリコン樹脂	アクリル樹脂
有り（透明樹脂に既調合）	有り（透明樹脂に既調合）	有り（透明樹脂に既調合）
短繊維混入 特殊アクリル樹脂	短繊維混入 特殊アクリル樹脂	短繊維混入 特殊アクリル樹脂
アクリルシリコン樹脂	アクリルシリコン樹脂	アクリル樹脂

ノンネットガードU-M工法	ノンネットガードU-T工法
機能性外壁改修工業会 株式会社ダイフレックス	機能性外壁改修工業会 株式会社ダイフレックス
SUS304	SUS304
水系エポキシ樹脂	水系エポキシ樹脂
なし	なし
ウレタン樹脂	ウレタン樹脂
アクリルウレタン樹脂	アクリルウレタン樹脂

ボンド カーボピンネット工法

コニシ株式会社

【工法概要】

　壁面全体を繊維ネット（VMネット）と炭素繊維配合ポリマーセメント材（カーボピンネット中塗り）で補修・一体化し、さらにステンレスアンカーピン（CPアンカーピンN）でコンクリート躯体に固定し、既存仕上げのはく落を防止する。

【公的な評価、適合規格】

・建設省（現国土交通省）　建技評第90106号

・建設技術審査証明　BCJ-審査証明-27

・独立行政法人 都市再生機構「保全工事共通仕様書 機材及び工法の品質判定基準 仕様登録集（令和2年度版）」14. 外壁複合補修工法（一般財団法人ベターリビング　試験成績書19-2660号-1）

【工法イメージ図】

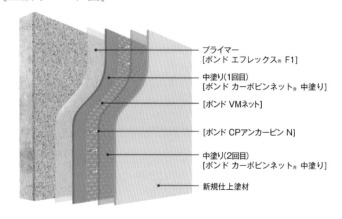

プライマー
[ボンド エフレックス® F1]

中塗り(1回目)
[ボンド カーボピンネット® 中塗り]

[ボンド VMネット]

[ボンド CPアンカーピン N]

中塗り(2回目)
[ボンド カーボピンネット® 中塗り]

新規仕上塗材

【施工体制】

　認定技術者在籍の認定施工業者による責任施工

　必要事項を定めたカリキュラムによる講習会を受講し、筆記試験に合格した者を認定技術者として認定する。認定技術者は施工現場に立会い施工に関する指導、監理を行う。

【保証体制】

　保証期間　　最長10年間

　保証内容　　施工範囲のはく落、落下及びこれに起因して第三者に損害が発生したときは第三者に賠償の責を負うこととする。但し、その原因が火災または地盤沈下等その他不可抗力による場合は免責とする。　第三者賠償責任保険付与

【工法の適用条件】

・アンカーピンの引き抜き強度はエポキシ樹脂併用で1,800N/本以上であること。

・既存仕上げ材の厚さは75㎜以下であり、アンカーピンをコンクリート躯体に25㎜以上埋め込むことができること。

・建物の高さは45m以下であること。

上記条件を満足しない場合は別途協議を行う。

【下地処理】

・浮　　　き　0.25㎡以上の浮き部はアンカーピンニング部分エポキシ樹脂注入工法又は注入口付きアンカーピンニング部分エポキシ樹脂注入工法で補修を行う。アンカーピンの本数は4本/㎡とする。タイル陶片浮きの場合は無処理とする。但し、はらみを伴う場合は撤去し、ポリマーセメントモルタルにて既存仕上げ面と平滑に仕上げる。

・ひび割れ　0.2㎜以上のひび割れ部は自動式低圧エポキシ樹脂注入工法又はUカットシール材充てん工法で補修を行う。

・欠　　　損　エポキシ樹脂モルタル充てん工法又はポリマーセメントモルタル充てん工法にて補修を行う。

【施工手順】

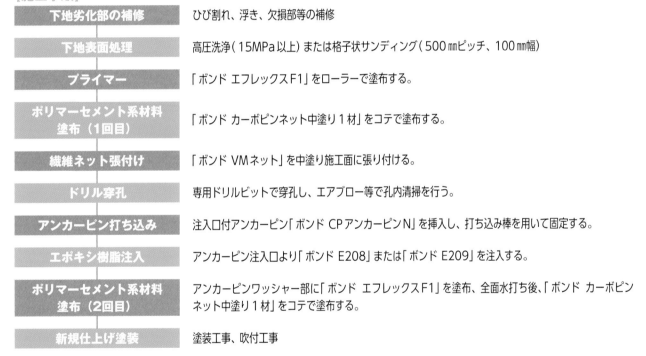

下地劣化部の補修	ひび割れ、浮き、欠損部等の補修
下地表面処理	高圧洗浄(15MPa以上)または格子状サンディング(500㎜ピッチ、100㎜幅)
プライマー	「ボンド エフレックスF1」をローラーで塗布する。
ポリマーセメント系材料塗布（1回目）	「ボンド カーボピンネット中塗り1材」をコテで塗布する。
繊維ネット張付け	「ボンド VMネット」を中塗り施工面に張り付ける。
ドリル穿孔	専用ドリルビットで穿孔し、エアブロー等で孔内清掃を行う。
アンカーピン打ち込み	注入口付アンカーピン「ボンド CPアンカーピンN」を挿入し、打ち込み棒を用いて固定する。
エポキシ樹脂注入	アンカーピン注入口より「ボンド E208」または「ボンド E209」を注入する。
ポリマーセメント系材料塗布（2回目）	アンカーピンワッシャー部に「ボンド エフレックスF1」を塗布、全面水打ち後、「ボンド カーボピンネット中塗り1材」をコテで塗布する。
新規仕上げ塗装	塗装工事、吹付工事

【主な使用材料】

材　料	名　称	種　類
プライマー	ボンド エフレックスF1	変成シリコーン・エポキシ樹脂
アンカーピン	ボンド CPアンカーピンN	注入口付きアンカーピン　SUS304、SUSXM7
繊維ネット	ボンド VMネット	ビニロン3軸ネット
ポリマーセメント系材料	ボンド カーボピンネット中塗り1材	EVA系ポリマーセメント
注入材	ボンド E208、ボンド E209	JIS A 6024 注入エポキシ樹脂（硬質形）

コニシ株式会社

●本　　社　大阪土木建設営業部　TEL：06-6228-2961
●関東支社　東京土木建設営業部　TEL：048-637-9950

http://www.bond.co.jp

コンスネット工法

株式会社コンステック

【工法概要】

　壁面全体を繊維ネットと一材系ポリマーセメントモルタル（コンスモルタル）で補修・一体化し、さらに機械式固定のステンレスアンカーピン（MCアンカー）でコンクリート躯体に固定し、既存仕上げの剥落を防止する。

【公的な評価、適合規格】

　建設技術審査証明　BCJ-審査証明-82　建築物の外壁補修技術「コンスネット工法」

【工法イメージ図】

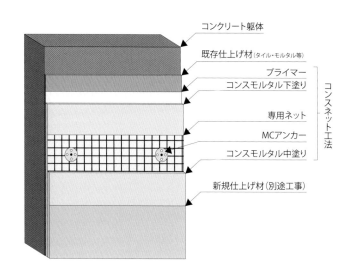

【施工体制】

　施工会社による責任施工

　コンスネット工法研究会による講習会を受講し、試験に合格した施工管理士が施工現場に立会い、施工に関する指導を行う。

【保証体制】

　保証期間　最長10年間（再改修により10年間延長可能）
　保証内容　施工範囲の剥落の欠陥は、元請業者、施工業者および材料製造業者の責により補修する。
　　　　　　但し、その原因が天災地変等、その他不可抗力による場合は免責とする。
　　　　　　第三者賠償責任保険付与

【工法の適用条件】

・アンカーピンの引き抜き強度が2,450N/本以上確保できるコンクリート躯体を持つ建物であること。
　（コンクリート躯体強度が13.5N/㎠以下の場合は原則として適用しない。）
・建物の高さは45m以下であること。
・新規仕上げ層は、原則としてJIS A 6909に適合する建築用仕上塗材で仕上げること。
　上記条件を満足しない場合は別途協議とする。

【下地処理】

・浮　　き　1箇所あたり0.25㎡以上の浮き部は注入口付きアンカーピンニングエポキシ樹脂注入工法等で補修を行う。アンカーピンの本数は4本/㎡程度とする。但し、はらみを伴う場合は浮き部を撤去し、ポリマーセメントモルタルにて既存仕上げ面と平滑に仕上げる。

・ひび割れ　0.2㎜以上1.0㎜以下のひび割れ部はエポキシ樹脂注入工法、1.0㎜を超えるひび割れはUカットシール材充てん工法等で補修を行う。

・欠　　損　欠損部は、充てん工法にて補修を行う。鉄筋腐食を伴う場合は、鉄筋腐食部をはつり出し、さび落とし、防錆剤塗布の上、補修する。

【施工手順】

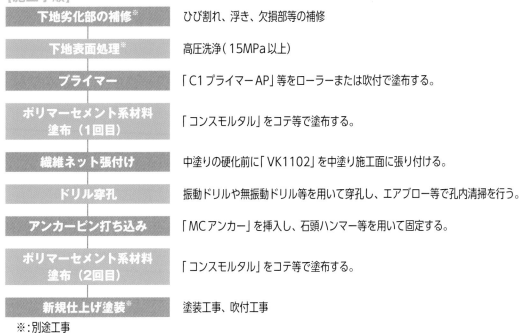

下地劣化部の補修※	ひび割れ、浮き、欠損部等の補修
下地表面処理※	高圧洗浄(15MPa以上)
プライマー	「C1プライマーAP」等をローラーまたは吹付で塗布する。
ポリマーセメント系材料 塗布（1回目）	「コンスモルタル」をコテ等で塗布する。
繊維ネット張付け	中塗りの硬化前に「VK1102」を中塗り施工面に張り付ける。
ドリル穿孔	振動ドリルや無振動ドリル等を用いて穿孔し、エアブロー等で孔内清掃を行う。
アンカーピン打ち込み	「MCアンカー」を挿入し、石頭ハンマー等を用いて固定する。
ポリマーセメント系材料 塗布（2回目）	「コンスモルタル」をコテ等で塗布する。
新規仕上げ塗装※	塗装工事、吹付工事

※：別途工事

【主な使用材料】

材　料	名　称	種　類
プライマー	C1プライマーAP等	水系エポキシ樹脂等
アンカーピン	MCアンカー	機械式アンカーピン　SUS304、SUSXM7
繊維ネット	VK1102等	ビニロン製2軸ネット等
ポリマーセメント系材料	コンスモルタル	EVA系ポリマーセメント

株式会社コンステック　　　　　　　　https://www.constec.co.jp

●本社　　　　　　　　TEL：06-4791-3100

●技術本部　建築技術部　TEL：03-6450-0634

GNSピンネット工法

全国ビルリフォーム工事業協同組合

【工法概要】

　鉄筋コンクリート構造及び鉄骨鉄筋コンクリート構造の建築物における外壁等の既存仕上げの上に、新たにネット補強下地層を構築して、タイルやモルタル等既存仕上材の落下を防止する補修工法である。

【公的な評価、適合規格】

　建設省（現国土交通省）　建技評第96107号

　建設技術審査証明　BCJ-審査証明-43

　UR都市機構　外壁複合補修工法　品質判定基準（一般財団法人ベターリビング　試験成績書09-5240号）

【工法イメージ図】

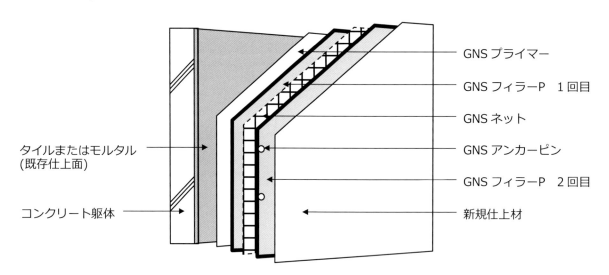

- GNS プライマー
- GNS フィラーP　1回目
- GNS ネット
- GNS アンカーピン
- GNS フィラーP　2回目
- 新規仕上材

タイルまたはモルタル（既存仕上面）

コンクリート躯体

【施工体制】

　全国ビルリフォーム工事業協同組合の組合員が所属する管理資格取得者による施工管理。

　施工管理者の資格条件は、全国ビルリフォーム工事業協同組合が制定する指導教育を受け、GNSピンネット工法管理者試験に合格した者とする。

【保証体制】

　保証期間　　最長10年間（長期ライセンス取得者による管理の場合、保証は15年間）

　保証内容　　GNSピンネット工法施工箇所について、仕上の落下及びこれに起因して第三者に損害が発生したときは、保証期間中に限り、施工会社及び連帯保証人は当該箇所の無償保証及び第三者に対する賠償の責を負うこととする。

【工法の適用条件】

　・コンクリート躯体がアンカーピン保持強度1,500N/本を有していること。

　・既存仕上材は、下地処理後60㎜以下とする。

　・外気温が常時5℃以下の期間の施工は避ける。

【下地処理】

・脆 弱 部　タイルやモルタル等の浮きや欠損部を必要に応じて斫り落し、既に剥落していた箇所を含めて、充填用エポキシ樹脂モルタル等で修復する。

・鉄筋露出　鉄筋露出部の周囲を斫り落し、鉄筋の錆落し処理後、充填用エポキシ樹脂モルタル等で修復する。

・欠 　 損　欠損部位は全箇所、充填用エポキシ樹脂モルタル等で修復する。

・ひび割れ　ひびわれの幅が0.3㎜以上の箇所は、Uカットをしてシールをする。

・浮 　 き　タイルやモルタルの浮きの範囲が1箇所0.5㎡以上の箇所は必要に応じてエポキシ樹脂注入ピンニング工事を行う。

【施工手順】

下地処理	脆弱部、鉄筋の露出、欠損、ひび割れ、浮き部の補修を行う。
高圧洗浄	旧仕上げ面の汚れや劣化塗膜、脆弱部を高圧洗浄(15～30MPa)で除去する。
プライマー	『GNSプライマー』を刷毛やローラー等で塗布する。
ポリマーセメント系材料材塗布（1回目）	GNSプライマーが乾燥後、『GNSフィラーP』を金ゴテにて規定の厚さに塗布する。
繊維ネット埋め込み	フィラー塗布直後、フィラーが硬化しないうちに『GNSネット』を埋め込む。
穿孔	規定の位置に穿孔位置をマーキングし、電動ドリルにて穿孔し、清掃具で孔内清掃を行う。
アンカーピン打ち込み	『GNSアンカーピン』をフランジ部が表面に付くまで挿入し、小型ハンマーで芯棒を打込む。
アンカーピン頭部処理	アンカーピンのフランジ部に『GNSフィラーP』を塗布する。
ポリマーセメント系材料材塗布（2回目）	『GNSフィラーP』を金ゴテにて規定の厚さに塗布する。
新規仕上げ材の施工	新規仕上材は、塗材、シート、タイルとする。※タイル張りは接着剤張りとする。

【主な使用材料】

材 料	名 称	種 類
プライマー	GNSプライマー	EVA系エマルション
アンカーピン	GNSアンカーピンN	ステンレス鋼製アンカーピン　SUS304
繊維ネット	GNSネット	ビニロン繊維3軸ネット
ポリマーセメント系材料	GNSフィラーP	アクリル樹脂混入セメントフィラー

全国ビルリフォーム工事業協同組合　　http://www.jbr-gns.com

● TEL：03-3454-4371　● FAX：03-3454-4377

エフ・ネットタイル工法

株式会社ダイフレックス

【工法概要】

下地の形状になじみやすい3軸ポリプロピレンメッシュと、中性化を抑制するアクリル樹脂系ポリマーセメントで構成された、タイル張り仕上げ外壁の意匠変更と剥落防止を同時に実現できる工法。

【公的な評価、適合規格】

・独立行政法人 都市再生機構「保全工事共通仕様書 機材及び工法の品質判定基準 仕様登録集（令和2年度版）」14. 外壁複合補修工法（一般財団法人ベターリビング　試験成績書19-2660号-1）

【工法イメージ図】

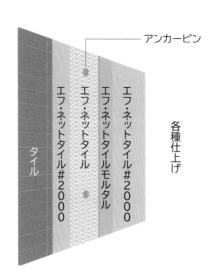

アンカーピン

タイル　エフ・ネットタイル#2000　エフ・ネットタイル　エフ・ネットタイルモルタル　エフ・ネットタイル#2000　各種仕上げ

【施工体制】

一般社団法人機能性外壁改修工業会の会員による責任施工。

必要事項を定めたカリキュラムによる講習会を受講し、筆記試験と実技試験に合格した者に施工技術者認定証を発行する。認定技術者は施工現場に立会い施工に関する指導、監理を行う。

【保証体制】

保証期間　　最長10年間

保証内容　　施工もしくは材料に起因するタイルの剥落が発生した場合、当該箇所を無償で補修する。施工もしくは材料に起因するタイルの剥落によって第三者に損害を与えた場合、第三者に対する損害賠償の責を負う。

【工法の適用条件】

・躯体は鉄筋コンクリート（RC）またはプレキャストコンクリートパネル（PCa）とし、躯体に著しい損傷がないこと。
・タイルは磁器質・せっ器質とし、釉の有無は問わない。
・アンカーピンの引き抜き強度は1,470N/本以上であること。
・既存仕上げ材の厚さは50㎜以下であり、アンカーピンをコンクリート躯体に20㎜以上埋め込むことができること。
・建物の高さは45m以下であること。
・撥水材が施されている場合、接着試験を行うこと。
・タイルのサイズは2丁掛け以下であること。
上記条件を満足しない場合は別途協議を行う。

【下地処理】

・浮　　き　　1か所当たりの浮きが0.5㎡未満の場合は無処理とする。0.5㎡以上の浮き部は下記の通りとする。

①陶片浮き:ダブルロックアンカーダイレクトタイル脳天打ち4穴/㎡または注入口付アンカーピンニングエポキシ樹脂注入タイル固定工法(公共建築改修工事標準仕様書による)を行う。

②張付けモルタルと下地モルタルの界面での浮き:陶片浮きと同じ処理。

③下地モルタルとコンクリート躯体の界面での浮き:ダブルロックアンカーダイレクト タイル目地部打ち4穴/㎡またはアンカーピンニング注入工法(公共建築改修工事標準仕様書による)を行う。(柱型、梁型、狭小部は別途)

・ひび割れ　0.2㎜未満は無処理とする。0.2㎜以上はタイルを撤去後にUカットシール材充てん工法、タイル張替えを行う。

・欠　　損　　ポリマーセメントモルタルで充填する。

【施工手順】

下地劣化部の補修	ひび割れ、浮き、欠損部等の補修
下地表面処理	高圧洗浄(15MPa以上)
ポリマーセメント系材料塗布(下塗り)	「エフ・ネットタイル#2000」をコテで塗布する。
繊維ネット張付け	「エフ・ネットタイル」を下塗り施工面に張り付ける。
ドリル穿孔	専用ドリルビットで穿孔し、エアブロー等で孔内清掃を行う。
アンカーピン打ち込み	「ダブルロックアンカーワッシャー」を挿入し、打ち込み棒を用いて固定する。
ポリマーセメント系材料塗布(中塗り)	「エフ・ネットタイルモルタル」をコテで塗布する。
ポリマーセメント系材料塗布(上塗り)	「エフ・ネットタイル#2000」をコテで塗布する。
表面仕上げ材料	各種仕上げ、塗装工事・吹付工事

【主な使用材料】

材　料	名　　称	種　　類
ポリマーセメント系材料	エフ・ネットタイル#2000	2成分形アクリル樹脂系ポリマーセメントペースト
アンカーピン	ダブルロックアンカーワッシャー	SUS304製特殊専用アンカーピン
繊維ネット	エフ・ネットタイル	三軸ポリプロピレンメッシュ
ポリマーセメント系材料	エフ・ネットタイルモルタル	アクリル系ポリマーセメントモルタル

一般社団法人機能性外壁改修工業会　　https://www.kgk-wall.jp

●事務局　TEL：03-6434-7481

株式会社ダイフレックス　　https://www.dyflex.co.jp

●本社お問合せ窓口　TEL：03-6434-7249

ネットバリヤー工法M2

株式会社リノテック

【工法概要】

外壁の既存仕上げ層（タイルやモルタル）を存置したまま、アラミド・ビニロン・立体網目不織布複合ネット（リプレックスシート M2）とライトフィラーによって補強し、ノックスアンカーKNA（芯棒打ち込み式）で躯体に固定することによりはく落を防止する。

【公的な評価、適合規格】

建設省（現 国土交通省）建技評第96102号

【工法イメージ図】

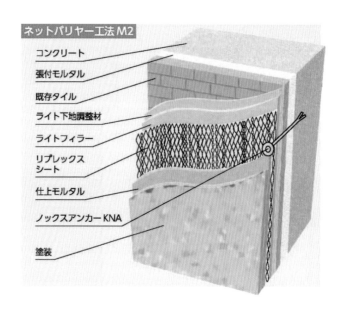

ネットバリヤー工法 M2
- コンクリート
- 張付モルタル
- 既存タイル
- ライト下地調整材
- ライトフィラー
- リプレックスシート
- 仕上モルタル
- ノックスアンカーKNA
- 塗装

【施工体制】

品質の確保・徹底を図るため、施工技術を習得した認定技術者による施工体制をとっている。

【保証体制】

保証期間　最長10年間

保証内容　ネットバリヤー工法施工箇所について、保証期間中に剥落、落下及びこれに起因して、第三者に損害が発生したときは請負者は第三者に対する賠償の責を負うこととする。
ただし、その原因が天災または地盤沈下等その他による場合は、この限りではない。
第三者賠償責任保険付

【適用範囲】

・条　　件　　風圧力4.9kN/㎡までのRC造
・対象下地　　タイル、塗装等
・新規仕上　　モルタル塗り

【下地処理】

・浮　　　き　　連続した0.5㎡以上の下地浮き部は注入口付きアンカーピンニング部分エポキシ樹脂注入工法で補修を行う。アンカーピンの本数は4本/㎡とする。タイル陶片浮きの場合は無処理とする。但し、フクレを伴う場合は斫り、ポリマーセメントモルタルで補修を行う。

・ひび割れ　　幅0.2㎜以上のひび割れ部は自動式低圧エポキシ樹脂注入工法又はUカットシール材充てん工法で補修を行う。但し、漏水を伴う場合は、幅に関係なくUカットシール充填工法で補修を行う。

・欠　　　損　　エポキシ樹脂モルタル充てん工法又はポリマーセメントモルタル充てん工法にて補修を行う。

【施工手順】

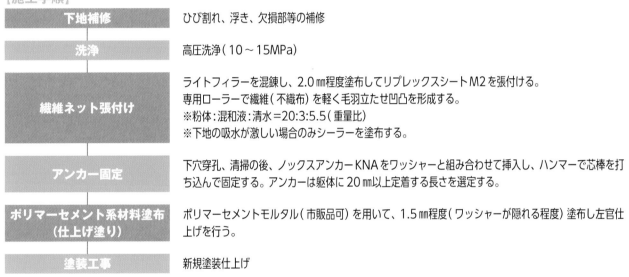

下地補修	ひび割れ、浮き、欠損部等の補修
洗浄	高圧洗浄(10～15MPa)
繊維ネット張付け	ライトフィラーを混錬し、2.0㎜程度塗布してリプレックスシートM2を張付ける。専用ローラーで繊維(不織布)を軽く毛羽立たせ凹凸を形成する。 ※粉体:混和液:清水＝20:3:5.5(重量比) ※下地の吸水が激しい場合のみシーラーを塗布する。
アンカー固定	下穴穿孔、清掃の後、ノックスアンカーKNAをワッシャーと組み合わせて挿入し、ハンマーで芯棒を打ち込んで固定する。アンカーは躯体に20㎜以上定着する長さを選定する。
ポリマーセメント系材料塗布 (仕上げ塗り)	ポリマーセメントモルタル(市販品可)を用いて、1.5㎜程度(ワッシャーが隠れる程度)塗布し左官仕上げを行う。
塗装工事	新規塗装仕上げ

【主な使用材料】

製品名	荷姿	使用量(㎡当たり)	備考
ライトフィラー粉体	20kg/袋	約2.0kg	―
ライトフィラー混和液	18kg/缶	約0.3kg	―
リプレックスシートM2	幅1.0×長さ50m	1.0㎡	アラミド・ビニロン・立体網目不織布複合ネット
ノックスアンカーKNA	下記		ステンレス製・ワッシャー付
KNA-35	200本/箱	4本	―
KNA-50、60、70、80、100	100本/箱		KNA-80、100は受注生産

※使用量に清水は含まれません。
※仕上げ塗り用ポリマーセメントモルタルが別途必要です。

株式会社リノテック

https://www.renotec.co.jp

●〒464-0003　名古屋市千種区新西二丁目3番6号
　TEL：052-774-6621　FAX：052-774-6627

ネットバリヤー工法P1

株式会社リノテック

【工法概要】

外壁の既存仕上げ層（タイルやモルタル）を存置したまま、アラミド・ビニロン複合ネット（P1ネット）とプレミックスライトフィラーによって補強し、ノックスアンカーKNA（芯棒打ち込み式）で躯体に固定することによりはく落を防止する。

【公的な評価、適合規格】

建設技術審査証明　BCJ-審査証明-189

UR都市機構　外壁複合補修工法　品質判定基準（一般財団法人ベターリビング　試験成績書10-1750号）

【工法イメージ図】

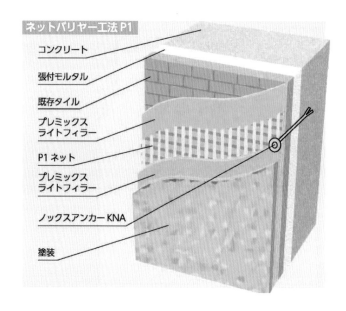

【施工体制】

品質の確保・徹底を図るため、施工技術を習得した認定技術者による施工体制をとっている。

【保証体制】

保証期間　　最長10年間

保証内容　　ネットバリヤー工法施工箇所について、保証期間中に剥落、落下及びこれに起因して、第三者に損害が発生したときは請負者は第三者に対する賠償の責を負うこととする。

　　　　　　ただし、その原因が天災または地盤沈下等その他による場合は、この限りではない。

　　　　　　第三者賠償責任保険付

【適用範囲】

・条　　　件　　風圧力4.9kN/㎡までのRC造

・対象下地　　タイル、塗装等

・新規仕上　　塗装

【下地処理】

- 浮　き　　連続した0.5㎡以上の下地浮き部は注入口付きアンカーピンニング部分エポキシ樹脂注入工法で補修を行う。アンカーピンの本数は4本/㎡とする。タイル陶片浮きの場合は無処理とする。但し、フクレを伴う場合は斫り、ポリマーセメントモルタルで補修を行う。

- ひび割れ　　幅0.2㎜以上のひび割れ部は自動式低圧エポキシ樹脂注入工法又はUカットシール材充てん工法で補修を行う。
　　　　　　但し、漏水を伴う場合は、幅に関係なくUカットシール充填工法で補修を行う。

- 欠　損　　エポキシ樹脂モルタル充てん工法又はポリマーセメントモルタル充てん工法にて補修を行う。

【施工手順】

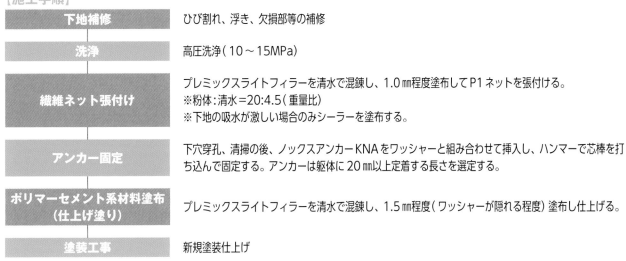

| 下地補修 | ひび割れ、浮き、欠損部等の補修 |

| 洗浄 | 高圧洗浄(10〜15MPa) |

| 繊維ネット張付け | プレミックスライトフィラーを清水で混錬し、1.0㎜程度塗布してP1ネットを張付ける。
※粉体：清水＝20:4.5(重量比)
※下地の吸水が激しい場合のみシーラーを塗布する。 |

| アンカー固定 | 下穴穿孔、清掃の後、ノックスアンカーKNAをワッシャーと組み合わせて挿入し、ハンマーで芯棒を打ち込んで固定する。アンカーは躯体に20㎜以上定着する長さを選定する。 |

| ポリマーセメント系材料塗布
(仕上げ塗り) | プレミックスライトフィラーを清水で混錬し、1.5㎜程度(ワッシャーが隠れる程度)塗布し仕上げる。 |

| 塗装工事 | 新規塗装仕上げ |

【主な使用材料】

製品名	荷姿	使用量(㎡当たり)	備考
プレミックスライトフィラー	20kg/袋	約4.5kg	ネット張り約1.8kg・仕上げ約2.7kg
P1ネット	幅1.1×長さ100m	1.0㎡	アラミド・ビニロン複合ネット
ノックスアンカーKNA	下記		ステンレス製・ワッシャー付
KNA-35	200本/箱	4本	―
KNA-50、60、70、80、100	100本/箱		KNA-80、100は受注生産

※使用量に清水は含まれません。

株式会社リノテック

https://www.renotec.co.jp

● 〒464-0003　名古屋市千種区新西二丁目3番6号
　　TEL：052-774-6621　FAX：052-774-6627

ボンド アクアバインド工法

コニシ株式会社

【工法概要】

　壁面全体をタイル中央部から施工されたステンレスアンカーピンでコンクリート躯体に固定し1液型水性ウレタン樹脂で一体化することにより、既存タイルの風合いを活かして将来にわたって外壁タイルの剥落を防止する。

【公的な評価、適合規格】

・独立行政法人 都市再生機構「保全工事共通仕様書 機材及び工法の品質判定基準 仕様登録集（令和2年度版）」14.外壁複合補修工法（一般財団法人ベターリビング　試験成績書21-0280号）

【工法イメージ図】

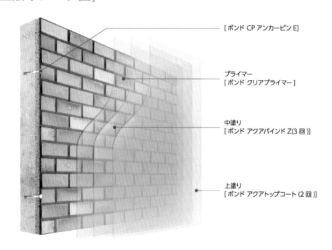

[ボンド CP アンカーピン E]

プライマー
[ボンド クリアプライマー]

中塗り
[ボンド アクアバインド Z(3回)]

上塗り
[ボンド アクアトップコート (2回)]

【施工体制】

　認定技術者在籍の認定施工業者による責任施工。

　要事項を定めたカリキュラムによる講習会を受講し、筆記試験に合格した者を認定技術者として認定する。認定技術者は施工現場に立会い施工に関する指導、監理を行う。

【保証体制】

　保証期間　最長10年間

　保証内容　施工範囲のはく落、落下及びこれに起因して第三者に損害が発生したときは第三者に賠償の責を負うこととする。但し、その原因が火災または地盤沈下等その他不可抗力による場合は免責とする。第三者賠償責任保険付与

【工法の適用条件】

・アンカーピンの引き抜き強度はエポキシ樹脂併用で1,800N/本以上であること。

・既存仕上げ材の厚さは75mm以下であり、アンカーピンをコンクリート躯体に25mm以上埋め込むことができること。

・建物の高さは45m以下であること。

・タイルは陶磁器質・せっ器質とし、平面または凹凸の小さい面上であること。

・タイルは光触媒加工がされていないこと。また、防汚コーティングなどの特殊塗材の施工がないこと。

・ラスター加工のタイルについては別途試験を実施し、協議の上施工可否を判断する。

・タイルのサイズは2丁掛け以下であること。

　上記条件を満足しない場合は別途協議を行う。

【下地処理】

・浮　　き　0.25㎡以上の浮き部はアンカーピンニング部分エポキシ樹脂注入工法又は注入口付きアンカーピンニング部分エポキシ樹脂注入工法で補修を行う。アンカーピンの本数は4本/㎡とする。タイル陶片浮きの場合は無処理とする。但し、はらみを伴う場合は撤去し、下地調整後、タイル張替えを行う。

・ひび割れ　0.2㎜以上のひび割れ部は自動式低圧エポキシ樹脂注入工法又はUカットシール材充てん工法で補修後、タイル張替えを行う。

・欠　　損　エポキシ樹脂モルタル充てん工法又はポリマーセメントモルタル充てん工法にて補修後、タイル張替えを行う。

【施工手順】

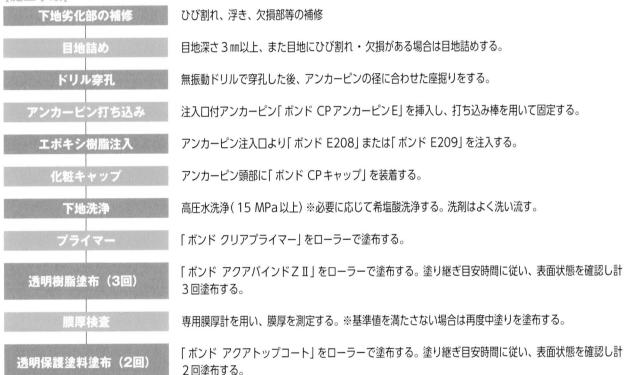

下地劣化部の補修	ひび割れ、浮き、欠損部等の補修
目地詰め	目地深さ3㎜以上、また目地にひび割れ・欠損がある場合は目地詰めする。
ドリル穿孔	無振動ドリルで穿孔した後、アンカーピンの径に合わせた座掘りをする。
アンカーピン打ち込み	注入口付アンカーピン「ボンド CPアンカーピンE」を挿入し、打ち込み棒を用いて固定する。
エポキシ樹脂注入	アンカーピン注入口より「ボンド E208」または「ボンド E209」を注入する。
化粧キャップ	アンカーピン頭部に「ボンド CPキャップ」を装着する。
下地洗浄	高圧水洗浄（15 MPa以上）※必要に応じて希塩酸洗浄する。洗剤はよく洗い流す。
プライマー	「ボンド クリアプライマー」をローラーで塗布する。
透明樹脂塗布（3回）	「ボンド アクアバインドZⅡ」をローラーで塗布する。塗り継ぎ目安時間に従い、表面状態を確認し計3回塗布する。
膜厚検査	専用膜厚計を用い、膜厚を測定する。※基準値を満たさない場合は再度中塗りを塗布する。
透明保護塗料塗布（2回）	「ボンド アクアトップコート」をローラーで塗布する。塗り継ぎ目安時間に従い、表面状態を確認し計2回塗布する。

【主な使用材料】

材　料	名　称	種　類
プライマー	ボンド クリアプライマー	1液溶剤形ウレタン樹脂
アンカーピン	ボンド CPアンカーピンE	注入口付きアンカーピン　SUS304、SUSXM7
透明樹脂	ボンド アクアバインドZⅡ	1液水性形ウレタン樹脂
透明保護塗料	ボンド アクアトップコート	1液水性形ウレタン樹脂
注入材	ボンド E208、ボンド E209	JIS A 6024 注入エポキシ樹脂（硬質形）

コニシ株式会社　　　　　　　　　　　　http://www.bond.co.jp

●本　　社　大阪土木建設営業部　　TEL：06-6228-2961
●関東支社　東京土木建設営業部　　TEL：048-637-9950

エバーガードSG工法

株式会社ダイフレックス

【工法概要】

壁面全体をタイル中央部から施工されたステンレスアンカーピンでコンクリート躯体に固定し、特殊1成分ウレタン樹脂で一体化することにより、既存タイルの風合いを活かして将来にわたって外壁タイルの剥落を防止する。

【公的な評価、適合規格】

・建設技術審査証明　BL審査証明-056
・独立行政法人 都市再生機構「保全工事共通仕様書 機材及び工法の品質判定基準 仕様登録集（令和2年度版）」14.外壁複合補修工法（一般財団法人ベターリビング　試験成績書15-2370号-1）

【工法イメージ図】

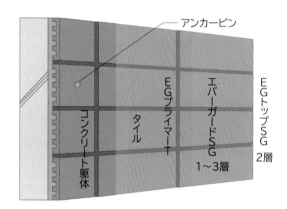

アンカーピン
EGトップSG 2層
エバーガードSG 1～3層
EGプライマー
タイル
コンクリート躯体

【施工体制】

一般社団法人機能性外壁改修工業会の会員による責任施工。

必要事項を定めたカリキュラムによる講習会を受講し、筆記試験と実技試験に合格した者に施工技術者認定証を発行する。認定技術者は施工現場に立会い施工に関する指導、監理を行う。

【保証体制】

保証期間　　最長10年間
保証内容　　施工もしくは材料に起因するタイルの剥落が発生した場合、当該箇所を無償で補修する。施工もしくは材料に起因するタイルの剥落によって第三者に損害を与えた場合、第三者に対する損害賠償の責を負う。

【工法の適用条件】

・アンカーピンの引き抜き強度は1,470N/本以上であること。
・既存仕上げ材の厚さは50mm以下であり、アンカーピンをコンクリート躯体に20mm以上埋め込むことができること。
・建物の高さは45m以下であること。
・タイルは陶磁器質・せっ器質とし、平面または凹凸の小さい面上であること。釉の有無は問わない。
・新築時の光触媒タイル及び改修時に光触媒をされていないこと。
・撥水材が施されている場合、接着試験を行うこと。
・タイルのサイズは2丁掛け以下であること。
上記条件を満足しない場合は別途協議を行う。

【下地処理】

・浮　　き　　1か所当たりの浮きが0.5㎡未満の場合は無処理とする。0.5㎡以上の浮き部はダブル
ロックアンカーダイレクトのタイル脳天打ち、または、アンカーピンニング部分エポキ
シ樹脂注入工法で補修を行う。アンカーピンの本数は4本/㎡とする。但し、はらみを伴
う場合は撤去し、下地調整後、タイル張替えを行う。

・ひび割れ　　0.2㎜以上のひび割れ部は自動式低圧エポキシ樹脂注入工法又はUカットシール材充
てん工法で補修後、タイル張替えを行う。

・欠　　損　　エポキシ樹脂モルタル充てん工法又はポリマーセメントモルタル充てん工法にて補修
後、タイル張替えを行う。

【施工手順】

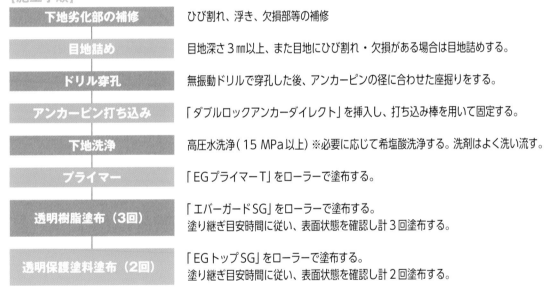

下地劣化部の補修	ひび割れ、浮き、欠損部等の補修
目地詰め	目地深さ3㎜以上、また目地にひび割れ・欠損がある場合は目地詰めする。
ドリル穿孔	無振動ドリルで穿孔した後、アンカーピンの径に合わせた座掘りをする。
アンカーピン打ち込み	「ダブルロックアンカーダイレクト」を挿入し、打ち込み棒を用いて固定する。
下地洗浄	高圧水洗浄(15MPa以上)※必要に応じて希塩酸洗浄する。洗剤はよく洗い流す。
プライマー	「EGプライマーT」をローラーで塗布する。
透明樹脂塗布(3回)	「エバーガードSG」をローラーで塗布する。塗り継ぎ目安時間に従い、表面状態を確認し計3回塗布する。
透明保護塗料塗布(2回)	「EGトップSG」をローラーで塗布する。塗り継ぎ目安時間に従い、表面状態を確認し計2回塗布する。

【主な使用材料】

材　料	名　　称	種　類
プライマー	EGプライマーT	アクリルシリコン樹脂(溶剤系)
アンカーピン	ダブルロックアンカーダイレクト	SUS304製特殊専用アンカーピン
透明樹脂	エバーガードSG	特殊1成分ウレタン樹脂(TXフリー)
透明保護塗料	EGトップSG(艶有り、5分艶有り)	アクリルシリコン樹脂(弱溶剤系)

一般社団法人機能性外壁改修工業会
●事務局　TEL：03-6434-7481

https://www.kgk-wall.jp

株式会社ダイフレックス
●本社お問合せ窓口　TEL：03-6434-7249

https://www.dyflex.co.jp

JKセライダー工法

日本樹脂施工協同組合

【工法概要】

　短繊維を混入した特殊アクリル樹脂と特殊アンカーピン（タイルピン）でタイル張り外壁を面で補強するタイル剥落防止工法。特殊アクリル樹脂被膜は透明でタイル仕上げの高級な風合いをそのまま活かします。

【公的な評価、適合規格】

・独立行政法人　都市再生機構「保全工事共通仕様書　機材及び工法の品質判定基準　仕様登録集（令和2年度版）」14. 外壁複合補修工法（一般財団法人ベターリビング　評定　CBL　MI001-08号）

【工法イメージ図】

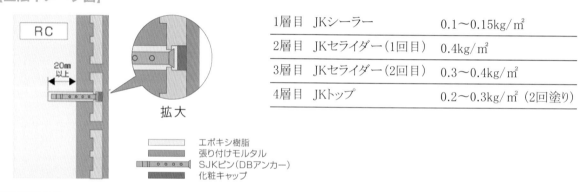

1層目	JKシーラー	0.1～0.15kg/㎡
2層目	JKセライダー（1回目）	0.4kg/㎡
3層目	JKセライダー（2回目）	0.3～0.4kg/㎡
4層目	JKトップ	0.2～0.3kg/㎡（2回塗り）

【施工体制】

　認定技術者在籍の認定施工業者による責任施工。必要事項を定めたカリキュラムによる講習会を受講し、筆記試験に合格した者を認定技術者として認定する。認定技術者は施工現場に立会い施工に関する指導、監理を行う。また、10年毎に更新講習し最新情報を共有する。

【保証体制】

　保証期間　　最長10年間
　保証内容　　施工範囲のはく落、落下及びこれに起因して第三者に損害が発生したときは第三者に賠償の責を負うこととする。但し、その原因が火災または地盤沈下等その他不可抗力による場合は免責とする。　第三者賠償責任保険付与

【工法の適用範囲】

・アンカーピンの引き抜き強度はエポキシ樹脂併用で1,500N/本以上であること。
・アンカーピンをコンクリート躯体には20㎜以上、ALC版は30㎜以上埋め込むことができること。
・超高層建物、狭小部位、壁面重量が重い仕上げの場合ピンの本数を増やす。
・タイルは陶磁器質・せっ器質とし、平面または凹凸の小さい面上であること。
・タイルは撥水材等の防汚コーティングなどの特殊塗材の施工がないこと。
・ラスター加工のタイルについては、協議の上施工可否を判断する。
・タイルのサイズは3丁掛け以下であること。
・天端は適用外。
上記条件を満足しない場合は別途協議を行う。

【下地処理】

・浮　　き　0.25㎡以上の浮き部はアンカーピンニング部分エポキシ樹脂注入工法又は注入口付アン
　　　　　　カーピンニング部分エポキシ樹脂注入工法で補修を行う。アンカーピンの本数は4本/㎡
　　　　　　とする。タイル陶片浮きの場合は無処理とする。但し、はらみを伴う場合は撤去し、下地
　　　　　　調整後、タイル張替えを行う。

・ひび割れ　0.2㎜以上のひび割れ部はJKラビング工法及び自動式低圧エポキシ樹脂注入工法又は
　　　　　　Uカットシール材充てん工法で補修後、タイル張替えを行う。
　　　　　　但し、漏水を伴う場合は、幅に関係なくUカットシール充填工法で補修を行う。

・欠　　損　エポキシ樹脂モルタル充てん工法又はポリマーセメントモルタル充てん工法にて補修
　　　　　　JK着色剤で塗布する、もしくはタイル張替えを行う。

【施工手順】

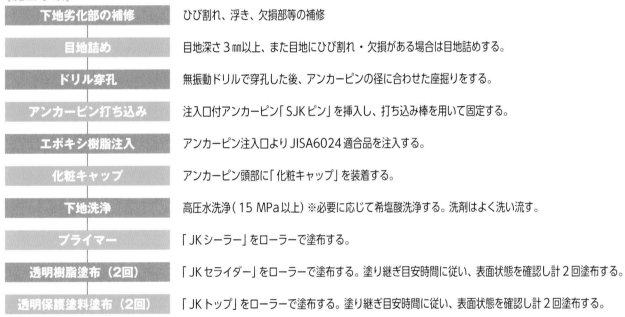

下地劣化部の補修	ひび割れ、浮き、欠損部等の補修
目地詰め	目地深さ3㎜以上、また目地にひび割れ・欠損がある場合は目地詰めする。
ドリル穿孔	無振動ドリルで穿孔した後、アンカーピンの径に合わせた座掘りをする。
アンカーピン打ち込み	注入口付アンカーピン「SJKピン」を挿入し、打ち込み棒を用いて固定する。
エポキシ樹脂注入	アンカーピン注入口よりJISA6024適合品を注入する。
化粧キャップ	アンカーピン頭部に「化粧キャップ」を装着する。
下地洗浄	高圧水洗浄（15MPa以上）※必要に応じて希塩酸洗浄する。洗剤はよく洗い流す。
プライマー	「JKシーラー」をローラーで塗布する。
透明樹脂塗布（2回）	「JKセライダー」をローラーで塗布する。塗り継ぎ目安時間に従い、表面状態を確認し計2回塗布する。
透明保護塗料塗布（2回）	「JKトップ」をローラーで塗布する。塗り継ぎ目安時間に従い、表面状態を確認し計2回塗布する。

【主な使用材料】

材　料	名　称	種　類
プライマー	JKシーラー	2液溶剤形アクリルシリコン樹脂
アンカーピン	SJKピン	注入口付きアンカーピン　SUS304
塗材（中塗り）	JKセライダー	1液水性形特殊アクリル樹脂
塗材（トップコート）	JKトップ	2液溶剤形アクリルシリコン樹脂
注入材	—	JIS A 6024 適合品

日本樹脂施工協同組合
● TEL：03-3831-6185　● FAX：03-3831-3926

https://jkk.or.jp

透明樹脂系外壁複合改修工法

JKセライダーU工法

日本樹脂施工協同組合

【工法概要】

　短繊維を混入した特殊ウレタン樹脂と特殊アンカーピン（タイルピン）でタイル張り外壁を面で補強するタイル剥落防止工法。特殊ウレタン樹脂被膜は透明で高伸張性のためタイル仕上げの高級な風合いをそのまま活かします。

【公的な評価、適合規格】

・独立行政法人 都市再生機構「保全工事共通仕様書 機材及び工法の品質判定基準 仕様登録集（令和2年度版）」14. 外壁複合補修工法（一般財団法人ベターリビング　試験成績書　19-0860号）

【工法イメージ図】

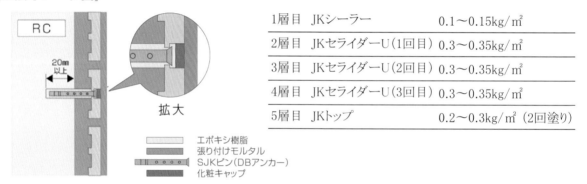

1層目	JKシーラー	0.1～0.15kg/㎡
2層目	JKセライダーU（1回目）	0.3～0.35kg/㎡
3層目	JKセライダーU（2回目）	0.3～0.35kg/㎡
4層目	JKセライダーU（3回目）	0.3～0.35kg/㎡
5層目	JKトップ	0.2～0.3kg/㎡（2回塗り）

【施工体制】

　認定技術者在籍の認定施工業者による責任施工。必要事項を定めたカリキュラムによる講習会を受講し、筆記試験に合格した者を認定技術者として認定する。認定技術者は施工現場に立会い施工に関する指導、監理を行う。また、10年毎に更新講習し最新情報を共有する。

【保証体制】

　保証期間　最長10年間

　保証内容　施工範囲のはく落、落下及びこれに起因して第三者に損害が発生したときは第三者に賠償の責を負うこととする。但し、その原因が火災または地盤沈下等その他不可抗力による場合は免責とする。第三者賠償責任保険付与

【工法の適用範囲】

・アンカーピンの引き抜き強度はエポキシ樹脂併用で1,500N/本以上であること。

・アンカーピンをコンクリート躯体には20㎜以上、ALC版は30㎜以上埋め込むことができること。

・超高層建物、狭小部位、壁面重量が重い仕上げの場合ピンの本数を増やす。

・タイルは陶磁器質・せっ器質とし、平面または凹凸の小さい面上であること。

・タイルは撥水材等の防汚コーティングなどの特殊塗材の施工がないこと。

・ラスター加工のタイルについては、協議の上施工可否を判断する。

・タイルのサイズは3丁掛け以下であること。

・天端は適用外。

上記条件を満足しない場合は別途協議を行う。

【下地処理】

・浮　　き　0.25㎡以上の浮き部はアンカーピンニング部分エポキシ樹脂注入工法又は注入口付アンカーピンニング部分エポキシ樹脂注入工法で補修を行う。アンカーピンの本数は4本/㎡とする。タイル陶片浮きの場合は無処理とする。但し、はらみを伴う場合は撤去し、下地調整後、タイル張替えを行う。

・ひび割れ　0.2㎜以上のひび割れ部はJKラビング工法及び自動式低圧エポキシ樹脂注入工法又はUカットシール材充てん工法で補修後、タイル張替えを行う。

・欠　　損　エポキシ樹脂モルタル充てん工法又はポリマーセメントモルタル充てん工法にて補修　JK着色剤で塗布する、もしくはタイル張替えを行う。

【施工手順】

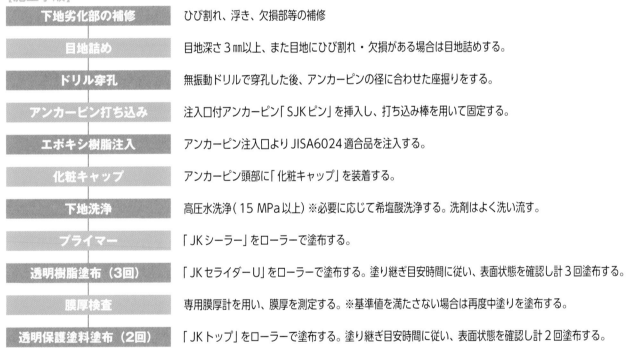

下地劣化部の補修	ひび割れ、浮き、欠損部等の補修
目地詰め	目地深さ3㎜以上、また目地にひび割れ・欠損がある場合は目地詰めする。
ドリル穿孔	無振動ドリルで穿孔した後、アンカーピンの径に合わせた座掘りをする。
アンカーピン打ち込み	注入口付アンカーピン「SJKピン」を挿入し、打ち込み棒を用いて固定する。
エポキシ樹脂注入	アンカーピン注入口よりJISA6024適合品を注入する。
化粧キャップ	アンカーピン頭部に「化粧キャップ」を装着する。
下地洗浄	高圧水洗浄(15MPa以上)※必要に応じて希塩酸洗浄する。洗剤はよく洗い流す。
プライマー	「JKシーラー」をローラーで塗布する。
透明樹脂塗布（3回）	「JKセライダーU」をローラーで塗布する。塗り継ぎ目安時間に従い、表面状態を確認し計3回塗布する。
膜厚検査	専用膜厚計を用い、膜厚を測定する。※基準値を満たさない場合は再度中塗りを塗布する。
透明保護塗料塗布（2回）	「JKトップ」をローラーで塗布する。塗り継ぎ目安時間に従い、表面状態を確認し計2回塗布する。

【主な使用材料】

材　料	名　称	種　類
プライマー	JKシーラー	2液溶剤形アクリルシリコン樹脂
アンカーピン	SJKピン	注入口付きアンカーピン　SUS304
塗材（中塗り）	JKセライダーU	1液水性形特殊ウレタン樹脂
塗材（トップコート）	JKトップ	2液溶剤形アクリルシリコン樹脂
注入材	―	JIS A 6024 適合品

日本樹脂施工協同組合
● TEL：03-3831-6185　● FAX：03-3831-3926
https://jkk.or.jp

─JKクリアファイバーＷ工法─

─日本樹脂施工協同組合

【工法概要】

　超高強度特殊繊維を混入した特殊ウレタン樹脂と特殊アンカーピンでタイル張り外壁を面で補強するオール水性透明樹脂タイルピン固定剥落防止工法。プライマー・中塗材・トップコート全てが水性１液材の材料であり、臭気や火気の問題がありません。

【公的な評価、適合規格】

・独立行政法人　都市再生機構「保全工事共通仕様書　機材及び工法の品質判定基準　仕様登録集（平成29年度版）」14.外壁複合補修工法（一般財団法人ベターリビング　試験成績書18-0430号）

【工法イメージ図】

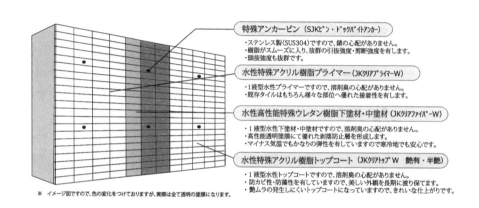

※　イメージ図ですので、色の変化をつけておりますが、実際は全て透明の塗膜になります。

特殊アンカーピン（SJKピン・ドゥックバイトアンカー）
・ステンレス製（SUS304）ですので、錆の心配がありません。
・樹脂がスムーズに入り、抜群の引抜強度・剪断強度を有します。
・頭抜強度も抜群です。

水性特殊アクリル樹脂プライマー（JKクリアプライマー-W）
・1液型水性プライマーですので、溶剤臭の心配がありません。
・既存タイルはもちろん様々な部位に優れた接着性を有します。

水性高性能特殊ウレタン樹脂下塗材・中塗材（JKクリアファイバー-W）
・1液型水性下塗材・中塗材ですので、溶剤臭の心配がありません。
・高性能透明塗膜にて優れた剥落防止層を形成します。
・マイナス気温でもかなりの弾性を有していますので寒冷地でも安心です。

水性特殊アクリル樹脂トップコート（JKクリアトップW　艶有・半艶）
・1液型水性トップコートですので、溶剤臭の心配がありません。
・防カビ性・防藻性を有していますので、美しい外観を長期に渡り保てます。
・艶ムラの発生しにくいトップコートになっていますので、きれいな仕上がりです。

【施工体制】

　日本樹脂施工協同組合の組合員の責任施工。

　講習会を受講し、ライセンスを取得した施工管理者が施工現場に常駐し、管理・指導を行う。施工に関してもライセンスを取得した施工技能者が行う。

【保証体制】

　保証期間　　最長10年間

　保証内容　　JKクリアファイバーW工法の施工箇所について、外壁の剥落・落下及びこれに起因して第三者が損害を受けた場合等は、保証期間中に限り、組合員と日本樹脂施工協同組合の共同で保証。【対人・対物＝6億円】

【工法の適用範囲】

・タイル下地がSRC・RC・PC・押出成形版・ALC板の場合に適用。

・アンカーピンをコンクリート躯体に20mm以上埋め込むことができること。

・タイルは陶磁器質・せっ器質とし、その他形状等は施工可能であるかの事前調査確認を必要とする。

・タイルの表面状態、補修履歴を確認し、光触媒加工、撥水剤などの特殊塗材の施工または残留がないこと。

・ラスタータイルについては、仕上がりの意匠性変化等を事前に施主との協議の上、了承を得ていること。

・タイルのサイズは3丁掛け以下であること。

・背面水の影響がないこと。

　上記条件を満足しない場合は別途協議を行う。

【下地処理】
- ・タ イ ル の 浮 き（陶 片）　　張替えるか、JK テラピン工法で補強する。
- ・タイル下地モルタル浮き　　0.25㎡以上の浮き部は必要に応じてタイル目地よりエポキシ樹脂注入を行う。
- ・タ イ ル の ひ び 割 れ　　原則的には張替える。やむを得ない事情がある場合は、タイルのひび割れ部に JK ラビングを施工する。
- ・タ イ ル の 欠 け　　原則的には張替える。やむを得ない事情がある場合は、ポリマーセメントモルタル等で整形し、タイルと同色の塗装を行う。

【施工手順】

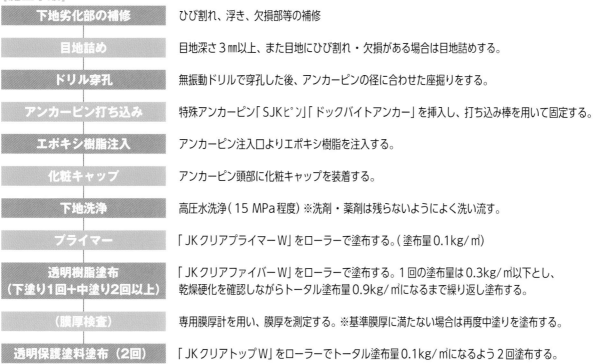

下地劣化部の補修	ひび割れ、浮き、欠損部等の補修
目地詰め	目地深さ3㎜以上、また目地にひび割れ・欠損がある場合は目地詰めする。
ドリル穿孔	無振動ドリルで穿孔した後、アンカーピンの径に合わせた座掘りをする。
アンカーピン打ち込み	特殊アンカーピン「SJKピン」「ドックバイトアンカー」を挿入し、打ち込み棒を用いて固定する。
エポキシ樹脂注入	アンカーピン注入口よりエポキシ樹脂を注入する。
化粧キャップ	アンカーピン頭部に化粧キャップを装着する。
下地洗浄	高圧水洗浄（15 MPa程度）※洗剤・薬剤は残らないようによく洗い流す。
プライマー	「JKクリアプライマーW」をローラーで塗布する。（塗布量0.1kg/㎡）
透明樹脂塗布（下塗り1回＋中塗り2回以上）	「JKクリアファイバーW」をローラーで塗布する。1回の塗布量は0.3kg/㎡以下とし、乾燥硬化を確認しながらトータル塗布量0.9kg/㎡になるまで繰り返し塗布する。
（膜厚検査）	専用膜厚計を用い、膜厚を測定する。※基準膜厚に満たない場合は再度中塗りを塗布する。
透明保護塗料塗布（2回）	「JKクリアトップW」をローラーでトータル塗布量0.1kg/㎡になるよう2回塗布する。

【主な使用材料】

材　料	名　称	種　類
アンカーピン	SJKピン　又は　ドックバイトアンカー	SUS304製特殊専用アンカーピン
プライマー	JKクリアプライマーW	1液水性特殊アクリル樹脂
下塗り・中塗り	JKクリアファイバーW	1液水性特殊ウレタン樹脂＋超高強度特殊繊維
トップコート	JKクリアトップW（艶有・半艶）	1液水性特殊アクリル樹脂

日本樹脂施工協同組合
- TEL:03-3831-6185　● FAX:03-3831-3926

https://jkk.or.jp

リアネットE工法

株式会社コンステック

【工法概要】

　壁面全体を繊維ネットと高弾性アクリルゴム系防水仕上材（リアネットコート WGR）で補修・一体化し、さらに機械式固定のステンレスアンカーピン（MC アンカー）でコンクリート躯体に固定し、既存仕上げの剥落を防止する。剥落防止に加えて、防水性能も併せて付与する工法である。

【公的な評価、適合規格】

　建設技術審査証明　BCJ- 審査証明 -142　建築物の外壁補修技術「リアネット E 工法」

【工法イメージ図】

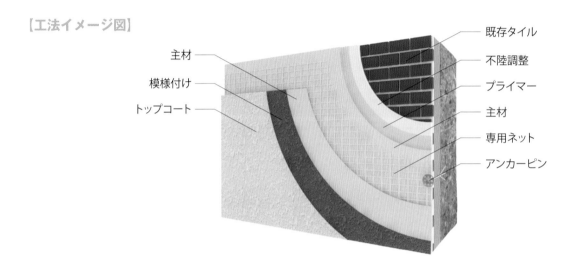

主材
模様付け
トップコート

既存タイル
不陸調整
プライマー
主材
専用ネット
アンカーピン

【施工体制】

　施工会社による責任施工

　リアネット工業会による講習会を受講し、試験に合格した施工管理士が施工現場に立会い、施工に関する指導を行う。

【保証体制】

　保証期間　最長 10 年間（再改修により 10 年間延長可能）

　保証内容　施工範囲の剥落・防水性の欠陥は、元請業者、施工業者および材料製造業者の責により補修する。但し、その原因が天災地変等、その他不可抗力による場合は免責とする。

　　　　　　第三者賠償責任保険付与

【工法の適用条件】

　・アンカーピンの引き抜き強度が 2,550N/ 本以上確保できるコンクリート躯体を持つ建物であること。

　・建物の高さは 60m 以下であること。

　・既存仕上げ層の厚さは 100㎜以下であること。

　　また、既存仕上げがモルタル塗りの場合、モルタル厚さが 5㎜以上であること。

　上記条件を満足しない場合は別途協議とする。

【下地処理】

・浮　　　き　　1箇所当あたり0.25㎡以上の浮き部は注入口付きアンカーピンニングエポキシ樹脂注入工法等で補修を行う。アンカーピンの本数は4本/㎡程度とする。但し、はらみを伴う場合は撤去し、ポリマーセメントモルタルにて既存仕上げ面と平滑に仕上げる。

・ひび割れ　　0.2㎜以上1.0㎜以下のひび割れ部はエポキシ樹脂注入工法、1.0㎜を超えるひび割れはUカットシール材充てん工法等で補修を行う。

・欠　　　損　　欠損部は、充てん工法にて補修を行う。鉄筋腐食を伴う場合は、鉄筋腐食部をはつり出し、さび落とし、防錆剤塗布の上、補修する。

【施工手順】

下地劣化部の補修※	ひび割れ、浮き、欠損部等の補修
下地表面処理※	高圧洗浄（15MPa以上）
プライマー	「C1プライマーAP」をローラーまたは吹付で塗布する。
不透明樹脂塗布（1回目）	「リアネットコートWGR」をコテ等で塗布する。
繊維ネット張付け	中塗りの硬化前に、「MCネット」を中塗り施工面に張り付ける。
ドリル穿孔	振動ドリルや無振動ドリル等を用いて穿孔し、エアブロー等で孔内清掃を行う。
アンカーピン打ち込み	「MCアンカー」を挿入し、石頭ハンマー等を用いて固定する。
不透明樹脂塗布（2回目）	「リアネットコートWGR」をコテ等で塗布する。
模様付け	「リアネットコートWGRパターン」をローラーまたは吹付で塗布し、模様付けを行う。
保護塗料塗布	「リアネットトップ」をローラーまたは吹付で塗布する。

※：別途工事

【主な使用材料】

材　料	名　　称	種　　類
プライマー	C1プライマーAP	水系エポキシ樹脂
アンカーピン	MCアンカー	機械式アンカーピン　SUS304、SUSXM7
繊維ネット	MCネット等	ポリプロピレン製2軸ネット等
不透明樹脂（中塗り）	リアネットコートWGR	水系アクリルゴム
不透明樹脂（模様付）	リアネットコートWGR　パターン、パターンB	水系アクリルゴム
保護塗料	リアネットトップ	水系アクリルシリコン樹脂　等

株式会社コンステック

https://www.constec.co.jp

●本社　　　　　　　　　　　TEL：06-4791-3100
●技術本部　建築技術部　TEL：03-6450-0634

エフ・ネットRE工法

株式会社ダイフレックス

【工法概要】

薄膜で軽量な被膜を形成し、モルタル仕上げ外壁の剥落防止と軽量化が図れる工法。

【公的な評価、適合規格】

・独立行政法人 都市再生機構「保全工事共通仕様書 機材及び工法の品質判定基準 仕様登録集（令和2年度版）」14. 外壁複合補修工法（一般財団法人ベターリビング　試験成績書11-3530号）

【工法イメージ図】

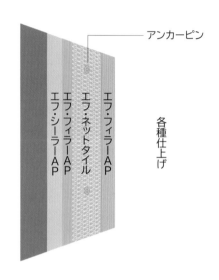

アンカーピン

エフ・シーラーAP
エフ・フィラーAP
エフ・ネットタイル
エフ・フィラーAP
エフ・フィラーAP

各種仕上げ

【施工体制】

　一般社団法人機能性外壁改修工業会の会員による責任施工。

　必要事項を定めたカリキュラムによる講習会を受講し、筆記試験と実技試験に合格した者に施工技術者認定証を発行する。認定技術者は施工現場に立会い施工に関する指導、監理を行う。

【保証体制】

保証期間　　最長10年間

保証内容　　施工もしくは材料に起因するタイルの剥落が発生した場合、当該箇所を無償で補修する。施工もしくは材料に起因するタイルの剥落によって第三者に損害を与えた場合、第三者に対する損害賠償の責を負う。

【工法の適用条件】

・躯体は鉄筋コンクリート（RC）またはプレキャストコンクリートパネル（PCa）とし、躯体に著しい損傷がないこと。

・アンカーピンの引き抜き強度は1,470N/本以上であること。

・既存仕上げ材の厚さは50㎜以下であり、アンカーピンをコンクリート躯体に20㎜以上埋め込むことができること。

・建物の高さは45m以下であること。

　上記条件を満足しない場合は別途協議を行う。

【下地処理】
・浮　　　き　1か所当たりの浮きが0.5㎡未満の場合は無処理とする。0.5㎡以上の浮き部はダブル
　　　　　　　ロックアンカーワッシャー 目地打ち4穴/㎡の増し打ちを行う。
・ひび割れ　0.2㎜未満は無処理とする。0.2㎜以上はタイルを撤去後にUカットシール材充てん工
　　　　　　　法、タイル張替えを行う。
・欠　　　損　ポリマーセメントモルタルで充填する。

【施工手順】

下地劣化部の補修	ひび割れ、浮き、欠損部等の補修
下地洗浄	高圧水洗浄（15 MPa以上）※必要に応じて希塩酸洗浄する。洗剤はよく洗い流す。
プライマー	「エフ・シーラーAP」をローラーで塗布する。
不透明樹脂塗布	「エフ・フィラーRE」を砂骨ローラーで塗布する。
繊維ネット張付け	「エフ・ネットタイル」を下塗り施工面に張り付ける。
ドリル穿孔	ドリルで穿孔する。
アンカーピン打ち込み	「ダブルロックアンカーワッシャー」を挿入し、打ち込み棒を用いて固定する。
不透明樹脂塗布	「エフ・フィラーAP」を砂骨ローラーで塗布する。
表面仕上げ材料	各種仕上げ、塗装工事・吹付工事

【主な使用材料】

材　料	名　　称	種　類
プライマー	エフ・シーラーAP	水系エポキシシーラー
アンカーピン	ダブルロックアンカーワッシャー	SUS304製特殊専用アンカーピン
不透明樹脂	エフ・フィラーRE	2成分形水系エポキシ硬質フィラー
繊維ネット	エフ・ネットタイル	三軸ポリプロピレンメッシュ

一般社団法人機能性外壁改修工業会　　https://www.kgk-wall.jp
●事務局　TEL：03-6434-7481

株式会社ダイフレックス　　https://www.dyflex.co.jp
●本社お問合せ窓口　TEL：03-6434-7249

ノンネットガードU-M工法

株式会社ダイフレックス

【工法概要】

特殊専用アンカーピンで外壁仕上げ層を躯体に固定し、1成分形特殊ウレタン樹脂で外壁面を被覆・一体化することにより、ネットを用いずに外壁仕上げ層の剥落を防止、建物の安全性を長期間保つ予防保全を目的とした外壁剥落防止工法。

【公的な評価、適合規格】

・建設技術審査証明　BL審査証明-055
・独立行政法人 都市再生機構「保全工事共通仕様書 機材及び工法の品質判定基準 仕様登録集（令和2年度版）」14. 外壁複合補修工法（一般財団法人ベターリビング　試験成績書19-2420号）

【工法イメージ図】

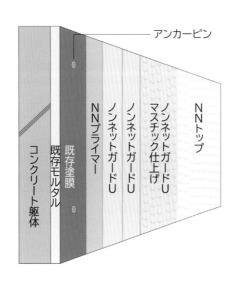

アンカーピン

コンクリート躯体／既存モルタル／既存塗膜／NNプライマー／ノンネットガードU／ノンネットガードU／ノンネットガードU マスチック仕上げ／NNトップ

【施工体制】

一般社団法人機能性外壁改修工業会の会員による責任施工。

必要事項を定めたカリキュラムによる講習会を受講し、筆記試験と実技試験に合格した者に施工技術者認定証を発行する。認定技術者は施工現場に立会い施工に関する指導、監理を行う。

【保証体制】

保証期間　最長10年間
保証内容　施工もしくは材料に起因するタイルの剥落が発生した場合、当該箇所を無償で補修する。施工もしくは材料に起因するタイルの剥落によって第三者に損害を与えた場合、第三者に対する損害賠償の責を負う。

【工法の適用条件】

・躯体は鉄筋コンクリート（RC）またはプレキャストコンクリートパネル（PCa）とし、躯体に著しい損傷がないこと。
・アンカーピンの引き抜き強度は1,470N/本以上であること。
・既存仕上げ材の厚さは50㎜以下であり、アンカーピンをコンクリート躯体に20㎜以上埋め込むことができること。
・建物の高さは45m以下であること。
上記条件を満足しない場合は別途協議を行う。

【下地処理】

・浮　　き　1か所当たりの浮きが0.5㎡未満の場合は無処理とする。0.5㎡以上の浮き部はダブル
　　　　　　ロックアンカーワッシャー　目地打ち4 穴 /㎡の増し打ち、または注入口付アンカーピン
　　　　　　ニングエポキシ樹脂注入タイル固定工法（公共建築改修工事標準仕様書による）を行う。

・ひび割れ　0.2㎜未満は無処理とする。0.2㎜以上はタイルを撤去後にU カットシール材充てん工
　　　　　　法、タイル張替えを行う。

・欠　　損　ポリマーセメントモルタルで充填する。

【施工手順】

下地劣化部の補修	ひび割れ、浮き、欠損部等の補修
ドリル穿孔	無振動ドリルで穿孔する。
アンカーピン打ち込み	「ダブルロックアンカーワッシャー」を挿入し、打ち込み棒を用いて固定する。
下地洗浄	高圧水洗浄（15 MPa以上）※必要に応じて希塩酸洗浄する。洗剤はよく洗い流す。
プライマー	「NNプライマー」をローラーで塗布する。
不透明樹脂塗布（3回）	「ノンネットガードU」の1層目と2層目は砂骨ローラーでネタ配りをし、スポンジベラで平滑に処理する。3層目は砂骨ローラーを用いてパターン付けをする。
保護塗料塗布（2回）	「NNトップ」をローラーで塗布する。表面状態を確認し計2回塗布する。

【主な使用材料】

材料	名称	種類
プライマー	NNプライマー	1成分形水系エポキシ樹脂プライマー
アンカーピン	ダブルロックアンカーワッシャー	SUS304製特殊専用アンカーピン
不透明樹脂	ノンネットガードU	1成分形特殊ウレタン樹脂（弱溶剤系）
保護塗料	NNトップ	2成分形水系アクリルウレタン樹脂
下地調整塗材	セメンシャス#2000	2成分形アクリル樹脂系ポリマーセメントペースト
下地調整塗材	セメンシャス#2500	2成分形アクリル樹脂系ポリマーセメントモルタル

一般社団法人機能性外壁改修工業会　　https://www.kgk-wall.jp
●事務局　TEL：03-6434-7481

株式会社ダイフレックス　　https://www.dyflex.co.jp
●本社お問合せ窓口　TEL：03-6434-7249

ノンネットガードU-T工法

株式会社ダイフレックス

【工法概要】

特殊専用アンカーピンで外壁仕上げ層を躯体に固定し、1成分形特殊ウレタン樹脂で外壁面を被覆・一体化することにより、ネットを用いずに外壁仕上げ層の剥落を防止、建物の安全性を長期間保つ予防保全を目的とした外壁剥落防止工法。

【公的な評価、適合規格】

・建設技術審査証明　BL審査証明-055
・独立行政法人 都市再生機構「保全工事共通仕様書 機材及び工法の品質判定基準 仕様登録集（令和2年度版）」14.外壁複合補修工法（一般財団法人ベターリビング　試験成績書19-2420号）

【工法イメージ図】

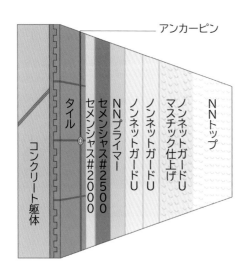

アンカーピン

タイル
コンクリート躯体
セメンシャス#2000
セメンシャス#2500
NNプライマー
ノンネットガードU
ノンネットガードU
ノンネットガードU マスチック仕上げ
NNトップ

【施工体制】

一般社団法人機能性外壁改修工業会の会員による責任施工。

必要事項を定めたカリキュラムによる講習会を受講し、筆記試験と実技試験に合格した者に施工技術者認定証を発行する。認定技術者は施工現場に立会い施工に関する指導、監理を行う。

【保証体制】

保証期間　最長10年間
保証内容　施工もしくは材料に起因するタイルの剥落が発生した場合、当該箇所を無償で補修する。施工もしくは材料に起因するタイルの剥落によって第三者に損害を与えた場合、第三者に対する損害賠償の責を負う。

【工法の適用条件】

・躯体は鉄筋コンクリート（RC）またはプレキャストコンクリートパネル（PCa）とし、躯体に著しい損傷がないこと。
・タイルは磁器質・せっ器質とし、釉の有無は問わない。
・アンカーピンの引き抜き強度は1,470N/本以上であること。
・既存仕上げ材の厚さは50㎜以下であり、アンカーピンをコンクリート躯体に20㎜以上埋め込むことができること。
・建物の高さは45m以下であること。
・撥水材が施されている場合、接着試験を行うこと。
・タイルのサイズは2丁掛け以下であること。
上記条件を満足しない場合は別途協議を行う。

【下地処理】
・浮　　き　　1か所当たりの浮きが0.5㎡未満の場合は無処理とする。0.5㎡以上の浮き部はダブル
　　　　　　ロックアンカーワッシャー 目地打ち4穴/㎡の増し打ち、または注入口付アンカーピン
　　　　　　ニングエポキシ樹脂注入タイル固定工法（公共建築改修工事標準仕様書による）を行う。
・ひび割れ　　0.2㎜未満は無処理とする。0.2㎜以上はタイルを撤去後にUカットシール材充てん工
　　　　　　法、タイル張替えを行う。
・欠　　損　　ポリマーセメントモルタルで充填する。

【施工手順】

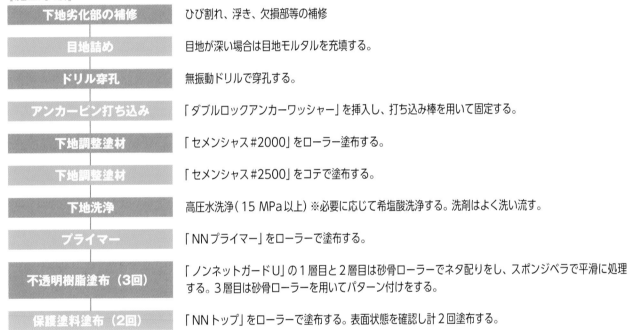

下地劣化部の補修	ひび割れ、浮き、欠損部等の補修
目地詰め	目地が深い場合は目地モルタルを充填する。
ドリル穿孔	無振動ドリルで穿孔する。
アンカーピン打ち込み	「ダブルロックアンカーワッシャー」を挿入し、打ち込み棒を用いて固定する。
下地調整塗材	「セメンシャス#2000」をローラー塗布する。
下地調整塗材	「セメンシャス#2500」をコテで塗布する。
下地洗浄	高圧水洗浄（15MPa以上）※必要に応じて希塩酸洗浄する。洗剤はよく洗い流す。
プライマー	「NNプライマー」をローラーで塗布する。
不透明樹脂塗布（3回）	「ノンネットガードU」の1層目と2層目は砂骨ローラーでネタ配りをし、スポンジベラで平滑に処理する。3層目は砂骨ローラーを用いてパターン付けをする。
保護塗料塗布（2回）	「NNトップ」をローラーで塗布する。表面状態を確認し計2回塗布する。

【主な使用材料】

材　料	名　称	種　類
プライマー	NNプライマー	1成分形水系エポキシ樹脂プライマー
アンカーピン	ダブルロックアンカーワッシャー	SUS304製特殊専用アンカーピン
不透明樹脂	ノンネットガードU	1成分形特殊ウレタン樹脂（弱溶剤系）
保護塗料	NNトップ	2成分形水系アクリルウレタン樹脂
下地調整塗材	セメンシャス#2000	2成分形アクリル樹脂系ポリマーセメントペースト
下地調整塗材	セメンシャス#2500	2成分形アクリル樹脂系ポリマーセメントモルタル

一般社団法人機能性外壁改修工業会　　https://www.kgk-wall.jp
●事務局　TEL：03-6434-7481

株式会社ダイフレックス　　https://www.dyflex.co.jp
●本社お問合せ窓口　TEL：03-6434-7249

ボンド カーボピンネット工法／ボンド アクアバインド工法

コニシベステム工業会・コニシ株式会社

工 事 件 名：川口市立東スポーツセンター南側外壁改修工事
工 事 場 所：埼玉県川口市
発 注 者：川口市
元 請 会 社：株式会社セラフ榎本
施 工 年：2020 年～ 2021 年
施 工 数 量：722㎡（ボンド アクアバインド工法）、113㎡（ボンド カーボピンネット工法）
既存仕上げ：タイル張り仕上げ（ タイル [45 × 45]（ボンド アクアバインド工法）
　　　　　　外壁ラスタータイル [45 × 45]（ボンド カーボピンネット工法））
新規仕上げ：高級自然石調新型装飾仕上塗材（ボンド カーボピンネット工法施工部）

施工前

施工後

施工事例２

GNSピンネット工法

全国ビルリフォーム工事業協同組合

工 事 件 名：新松戸中央パークハウス第三回大規模修繕工事
工 事 場 所：千葉県松戸市
発 注 者：新松戸中央パークハウス管理組合
元 請 会 社：株式会社アール・エヌ・ゴトー
施 工 年：2021年
施 工 数 量：4,100㎡
既存仕上げ：塗装仕上げ（吹付タイル）
新規仕上げ：シリコン塗装仕上げ

施工前

施工中

施工後

GNSピンネット工法

全国ビルリフォーム工事業協同組合

工 事 件 名：広島平和記念資料館本館免震改修その他工事
工 事 場 所：広島県広島市
発 注 者：広島市都市整備局営繕部営繕課
元 請 会 社：株式会社大林組
施 工 年：2016年〜2019年
施 工 数 量：3,479㎡
既存仕上げ：GNSピンネット工法＋モノシック工法
新規仕上げ：モノシック工法

施工後

92

施工事例4

ネットバリヤー工法P1

株式会社リノテック

工 事 件 名：豊明市保険センター
工 事 場 所：愛知県豊明市
発 注 者：豊明市
元 請 会 社：株式会社リノテック
施 工 年：2016年～2017年
施 工 数 量：1,299㎡
既存仕上げ：タイル張り仕上げ（二丁掛タイル）
新規仕上げ：防水形外装薄塗材E

施工前

施工後

ボンド アクアバインド工法

コニシベステム工業会・コニシ株式会社

工 事 件 名：川口市立東スポーツセンター北側外壁改修工事
工 事 場 所：埼玉県川口市
発 注 者：川口市
元 請 会 社：株式会社サンスタジオ
施 工 年：2020 年～ 2021 年
施 工 数 量：505㎡
既存仕上げ：タイル張り仕上げ（タイル [45 × 45]）
新規仕上げ：－

施工前

施工後

エバーガードSG

株式会社ダイフレックス

工 事 件 名：法政大学多摩キャンパス 13 号館
工 事 場 所：東京都町田市
発 注 者：学校法人法政大学
元 請 会 社：東急建設株式会社
施 工 年：2012 年
施 工 数 量：3,100㎡
既存仕上げ：タイル張り仕上げ
新規仕上げ：－

施工後

リアネットE工法

株式会社コンステック

工 事 件 名 : 民間某物件
工 事 場 所 : 非公開
発 注 者 : 民間
元 請 会 社 : 非公開
施 工 年 : 非公開
施 工 数 量 : 3,100㎡
既存仕上げ : 塗装仕上げ
新規仕上げ : ―

施工前

施工後

会員一覧

正会員

会員名	住所等
一般社団法人機能性外壁改修工業会	〒107-0051　東京都港区元赤坂1-2-7 赤坂Kタワー7階　㈱ダイフレックス内 TEL：03-6434-7481　　FAX：03-6434-7792
コニシ株式会社	〒338-0832　埼玉県さいたま市桜区西堀5-3-35 TEL：048-637-9950　　FAX：048-637-9959
コニシベステム工業会	〒338-0832　埼玉県さいたま市桜区西堀5-3-35　コニシ㈱内 TEL：048-637-9950　　FAX：048-637-9959
株式会社コンステック	〒143-0006　東京都大田区平和島6-1-1 東京流通センターアネックス5階 TEL：03-6450-0634　　FAX：03-6450-0635
全国ビルリフォーム工事業協同組合	〒108-0014　東京都港区芝5-26-20　建築会館6階 TEL：03-3454-4371　　FAX：03-3454-4377
株式会社ダイフレックス	〒107-0051　東京都港区元赤坂1-2-7　赤坂Kタワー7階 TEL：03-6434-5085　　FAX：03-6434-7375
日本樹脂施工協同組合	〒110-0016　東京都台東区台東1丁目12-1 秋葉原KMDビル5階 TEL：03-3831-6185　　FAX：03-3831-3926
株式会社リノテック	〒464-0032　愛知県名古屋市千種区新西2丁目3番6号 TEL：052-774-6621　　FAX：052-774-6627

賛助会員

会員名	住所等
化研マテリアル株式会社	〒105-0003　東京都港区西新橋2-14-1　興和西新橋ビルB棟 TEL：03-3436-4001　　FAX：03-6206-1632
倉敷紡績株式会社	〒103-0023　東京都中央区日本橋本町2-7-1 TEL：03-3639-7062　　FAX：03-3639-7007
サンコーテクノ株式会社	〒270-0163　千葉県流山市南流山3丁目10番地7 TEL：04-7157-8181　　FAX：04-7157-8787
ジャパンマテリアル株式会社	〒222-0001　神奈川県横浜市港北区樽町4-13-26 TEL：045-642-7781　　FAX：045-642-7782
株式会社セブンケミカル	〒105-0011　東京都港区芝公園2-4-1 芝パークビルA館12階 TEL：03-6809-2597　　FAX：03-6809-2598
大日化成株式会社	〒105-0012　東京都港区芝大門1-4-14　芝英太桜ビル5階 TEL：03-3436-3801　　FAX：03-3436-3803
株式会社ニシイ	〒812-0007　福岡県福岡市博多区東比恵3丁目4番6号 TEL：092-415-0241　　FAX：092-415-4510
野口興産株式会社	〒176-8522　東京都練馬区豊玉北2-16-14 TEL：03-3994-5601　　FAX：03-3994-1091
ユニチカトレーディング株式会社	〒103-0022　東京都中央区日本橋室町4-1-5　共同ビル TEL：03-3246-7784　　FAX：03-3246-7790

外壁複合改修工法ガイドブック　編集委員会

委 員 長　　本橋　健司
　　　　　　一般社団法人外壁複合改修工法協議会 技術顧問

副委員長　　齋藤　文伸
　　　　　　コニシベステム工業会

委　　員　　天田　裕之
　　　　　　全国ビルリフォーム工事業協同組合

　　　　　　伊藤　祐介
　　　　　　コニシ株式会社

　　　　　　木ノ本　茂
　　　　　　コニシ株式会社

　　　　　　佐藤　壮大
　　　　　　株式会社コンステック

外壁複合改修工法ガイドブック

発　　行　　第 1 版第 1 刷　令和 4 年 7 月 29 日
編　　集　　一般社団法人外壁複合改修工法協議会
　　　　　　〒 108-0014　東京都港区芝 5-26-20
　　　　　　建築会館 6 階
　　　　　　TEL.03-6722-6745/FAX.03-6722-6746
　　　　　　https://gfkk.or.jp
編集協力　　株式会社テツアドー出版

ISBN978-4-903476-73-5